공기업 합격을 위한
추가 자료

KB164484

본 교재 인강
30% 할인쿠폰

7FD6 9B4D BC93 56V2

* 30,000원 이상 구매 시 사용 가능

대기업 취업·공기업 인강
30% 할인쿠폰

598D 3A6F DE9D B6FH

* 30,000원 이상 구매 시 사용 가능

이용방법

해커스잡 사이트(ejob.Hackers.com) 접속 후 로그인 ▶ 사이트 메인 우측 상단 [나의 정보] 클릭 ▶ [나의 쿠폰 - 쿠폰/수강권 등록]에 위 쿠폰번호 입력 ▶ 본 교재 강의 결제 시 쿠폰 적용

* 본 쿠폰은 한 ID당 1회에 한해 등록 및 사용 가능합니다.
* 이벤트 강의/프로모션 강의 적용 불가/쿠폰 중복할인 불가
* 이 외 쿠폰관련 문의는 해커스 고객센터(02-537-5000)로 연락 바랍니다.

공기업 취업준비 전략 인강 무료 수강

해커스잡 사이트(ejob.Hackers.com) 접속 후 로그인 ▶ 사이트 메인 상단 공기업 클릭 후 수강신청 클릭 ▶ 해당 강의 수강신청

* 수강신청 직후 강의 지급되며, 지급일로부터 30일간 수강가능

월간 윤종혁의 예상논제 배경지식 특강 무료 수강

해커스잡 사이트(ejob.Hackers.com) 접속 후 로그인 ▶ 사이트 메인 상단 공기업 클릭 후 수강신청 클릭 ▶ 해당 강의 수강신청

* 수강신청 직후 강의 지급되며, 지급일로부터 30일간 수강가능

헤럴드 선정 2018 대학생 선호 브랜드 대상 '취업강의' 부문 1위

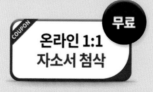

해커스
공기업 논술

서문

"알아야 쓸 수 있습니다. 지식은 글을 쓰게 하는 첫걸음입니다."
"관점을 가져야 합니다. 어떤 관점을 갖느냐가 논술의 생명입니다."

공기업 취업에서 가장 중요한 것은 기업마다 다른 채용시험을 파악하고, 시험 대비 방법을 결정하는 것입니다. 많은 공기업 취업 준비생이 논술시험을 어려워하고 좌절하는데, 우리의 목표가 '시험 준비'가 아닌 '최종 합격'이라면 논술 준비는 필수입니다. 논술시험은 타고난 재능이나 창의성을 검증하는 시험이 아니기 때문에 꾸준한 준비와 연습만으로 충분히 변별력을 가질 수 있습니다. 이런 점에서 논술시험은 피할 필요가 없습니다.

논술을 '논설'로 오해하고 신문 사설을 필사하는 논술시험 준비생들이 있습니다. 그러나 논술과 논설은 다르다는 것을 잊지 말아야 합니다. 논설은 논설위원의 생각과 주장 자체를 중심으로 하기 때문에 객관적인 논거가 뒷받침되지 않는 경우가 많으며, 논설위원마다 문체가 다르기 때문에 무작정 여러 사설을 따라 쓰면 혼란스러울 수 있습니다. 논술시험을 준비하기 위해서는 '나에 대한 공부'가 필요합니다. 무작정 따라 쓰거나 지식을 쌓는 것이 아니라, 논제와 관련된 내용을 이해하고 써보는 연습을 통해 자신의 관점을 명확하게 보여줄 수 있어야 합니다. 지식의 나열에 머무는 것이 아니라 자신의 관점을 분명히 하는 것이 중요합니다. 따라서, 이 책을 통해 다음과 같은 목표를 달성할 수 있어야 합니다.

첫째, 논술의 구성과 쓰는 방법을 명확하게 알아야 합니다.

논술은 한편의 글을 창작하는 것이 아니라 질문에 답하는 과정이므로 무엇보다 질문의 요구사항을 충족하는 데 초점을 맞추어야 합니다. 명확하고 변별력 있는 답안을 제시하기 위해 답안을 논리적으로 구성하고 쓰는 방법을 아는 것이 중요합니다. 이 책을 통해 어떤 논제를 마주하더라도 자신의 지식과 논리를 마음껏 펼칠 수 있도록 논술의 핵심적인 방법론을 익혀 봅시다.

둘째, 논제를 확인하고 배경지식을 습득해야 합니다.

기출 문제에 치중하여 학습하는 경우가 있으나, 한 번 출제된 논제는 반복해서 나오지 않으므로 기출 문제는 논제의 방향성을 파악하는 정도로만 활용하는 것이 좋습니다. 이 책을 통해 금융·경제, 사회 이슈, 회사 관련 등 각 분야의 큰 흐름을 파악한 뒤 세부 주제를 확인하고 배경지식을 습득하여 폭넓게 대비해 봅시다.

셋째, 자기만의 논술을 쓰고, 모범답안을 통해 반드시 들어가야 할 내용을 파악해야 합니다.

논술은 쓰는 것 자체에 어려움이 있을 수 있습니다. 따라서 단순히 모범답안을 외우는 것이 아니라 습득한 배경지식을 바탕으로 실제로 써 보는 연습을 충분히 해야 합니다. 모범답안을 통해 답안에 포함해야 하는 핵심 내용을 파악하고, 자신의 답안과 비교해 보고 정리하여 어떤 논제가 출제되어도 자기만의 논술을 쓸 수 있도록 연습해 봅시다.

공기업 취업 준비생에게 논술시험이 그 어떤 필기시험과 압박 면접보다 어려운 시험이라는 것을 알고 있습니다. 시중에 많은 논술 교재가 근사한 방법론을 제시하고는 있지만, 책을 덮는 순간 다시 막막해지는 현실이 여러분을 더 힘들게 한다는 것도 압니다. 이 책을 통해 '실제로 무엇을 알아야 하고, 구체적으로 어떻게 써야 하는가'에 대한 도움을 받으시길 바랍니다. 실제로 글을 쓸 수 있도록 돕고 싶은 마음을 담아 여러분께 드립니다.

윤종혁, 최수지, 해커스 취업교육연구소

공기업 논술이 쉽게 써지는 **교재 학습법**

PART 1 공기업 논술이 **'무엇인지'** 알아야 합니다.

기본적인 논술의 정의부터 공기업 논술만의 특징까지 쉽게 알려드립니다.
일반 논술과 공기업 논술의 특징을 자세히 비교해서 알아본 후 공기업 논술시험을 확실히 준비해 보세요!

공기업 논술에 대해 알아보고, 공기업 논술의 특징과 공기업 논술에 필요한 핵심 능력, 출제 유형까지 구체적으로 확인할 수 있습니다.

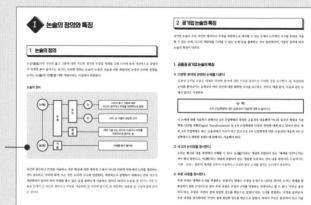

PART 2 공기업 논술을 **'어떻게 쓰는지'** 배워야 합니다.

공기업 논술 작성 방법부터 작성 시 유의사항까지 쉽고 자세하게 알려드립니다.
논술은 자신의 주관이 담긴 주장을 표현하는 것도 중요하지만 이를 객관적이고 체계적으로 써나가는 것도 중요합니다. 논제 분석부터 결론 내리는 방법까지, 논술 작성 방법의 모든 것을 배워보세요!

'직접 써보면서' 실전 감각을 길러야 합니다.

예상 논제에 대한 상세한 분석부터 답안 작성에
필요한 배경지식까지 알려드립니다.
논제를 완벽하게 파악했다면 직접 답안을 작성하
며 실전에 대비해 보세요!

모범답안 확인하기

개요와 모범답안을 확인하여 답안에 반드시 들어가
야 할 내용을 파악하고, 자신의 답안을 점검할 수 있
습니다.

합격 꿀 TIP

문제 해결 전략, 답안 작성 시 유의사항 등 알아두면
도움이 되는 내용을 한 번 더 짚어드립니다.

실력 플러스 노트

논술 문제를 푸는 데 도움이 되는 분야별 핵심 내용을
통해 공기업 논술에 대한 이해도를 높일 수 있습니다.

쓰면서 배우는 원고지 작성법

특별부록에는 원고지 작성법 및 연습용 원고지를 수
록하여 원고지 양식의 답안지 작성에도 대비할 수 있
도록 하였습니다.
원고지 작성법에 수록된 교정 부호 사용법은 어느 양
식의 답안지에든 적용할 수 있어 알아두면 실제 답안
지 작성 시 도움이 됩니다.

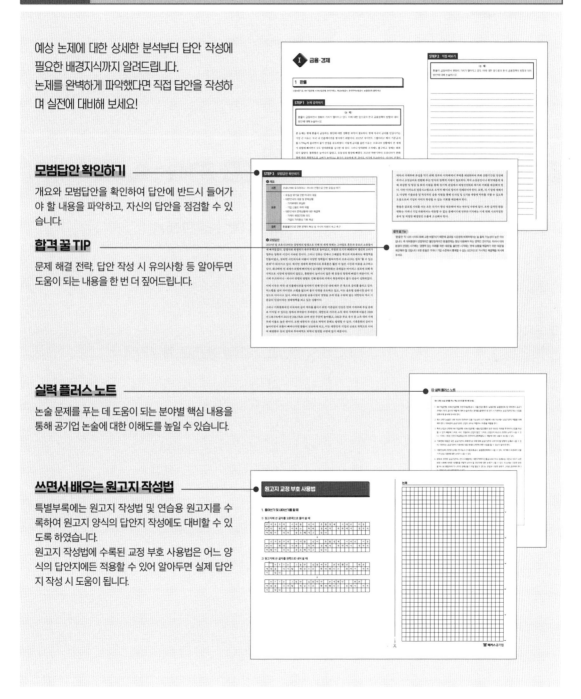

목차

PART 3 **공기업 논술, 쉽게 써보기**

 [특별부록]
쓰면서 배우는 원고지 작성법

I. 금융·경제

II. 사회 이슈

III. 회사 관련

PART

공기업 논술, 쉽게 알아보기

Ⅰ 논술의 정의와 특징

Ⅱ 공기업 논술이 요구하는 핵심 능력

Ⅲ 공기업 논술의 출제 유형

Ⅰ 논술의 정의와 특징

1 논술의 정의

논술(論述)이란 사리의 옳고 그름에 대한 자신의 생각과 주장을 체계를 갖춰 이치에 맞게 객관적으로 증명하며 차례를 좇아 풀어쓰는 글이다. 이러한 정의는 논술이 논증과 서술을 더한 개념이며, 논증은 논리와 증명을, 논리는 논(論)과 이(理)를 더한 개념이라는 사실에서 비롯된다.

논술의 정의

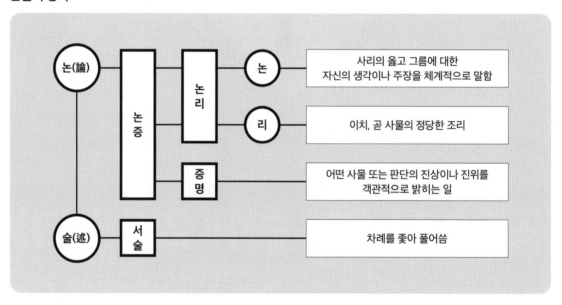

자신의 생각이나 주장을 서술하는 것은 현상에 대한 맹목적 수용이 아니라 비판적 안목에서 논의를 개진하는 것이 중요하고, 이치에 맞게 쓰는 것은 논리적 사고와 연관된다. 객관적으로 증명하기 위해서는 먼저 사고가 객관화되어 있어야 하며 차례를 좇는 일은 글을 올바르게 서술하는 일이다. 따라서 논술을 잘 쓴다는 것은 논술문 안에서 ① 자신의 생각이나 주장을 서술하되 ② 이치에 맞으며, ③ 객관적인 내용을 ④ 구성에 맞게 쓴다는 것이다.

2 공기업 논술의 특징

공기업 논술은 주로 자신의 생각이나 주장을 비판적으로 제시할 수 있는 논제나 논리적인 사고를 토대로 서술할 수 있는 논제, 사고의 객관성을 드러낼 수 있는 논제 등을 출제하는 것이 일반적이며, 기업의 성격에 따라 논술의 특징이 다르다.

1. 금융권 공기업 논술의 특징

1) 다양한 분야와 관련된 논제를 다룬다.

금융권 공기업 논술은 대체로 다양한 분야에 대한 지식을 답안으로 작성할 것을 요구한다. 즉, 자신만의 논리를 풀어나가는 능력보다 여러 사안에 대한 해박한 지식을 요구하는 것이다. 예를 들어, 다음과 같은 논제가 있다고 가정하자.

> **〈논 제〉**
> 4차 산업혁명에 대한 금융권의 대응에 대해 논술하시오.

이 논제에 대해 서술하기 위해서는 4차 산업혁명의 정의와 금융권의 대응뿐만 아니라 일자리 혁명과 기술 혁명, 디지털 전환(Digital Transformation) 등 4차 산업혁명의 다양한 측면에 대해 알고 있어야 한다. 특히, 4차 산업혁명은 최근 금융권에서 이슈가 되고 있으므로 4차 산업혁명에 대한 금융권의 대응과 4차 산업혁명으로 변화한 트렌드에 관해서도 서술해야 한다.

2) 사고의 논리성을 중시한다.

논리는 형식과 내용 측면에서 이해할 수 있다. '논(論)'이라는 개념에 포함되어 있는 '체계를 갖추다.'라는 것이 형식 측면이고, '이(理)'라는 개념에 포함되어 있는 '정당한 조리'라는 것이 내용 측면이다. 논술에서는 '서론 – 본론 – 결론'의 체계를 갖추어 사실적이고 진실한 말로 논의를 펼치는 논리성이 중요하다.

3) 추론 과정을 중시한다.

추론 과정은 명제와 논거를 연결하는 과정이다. 명제는 주장을 문장으로 나타낸 것이며, 논거는 명제를 뒷받침하기 위한 근거이므로 결국 추론 과정은 주장과 근거를 연결하는 과정이라고 할 수 있다. '주민은 용감하다.'라는 주장과 '주민이 집에 침입한 강도를 맨손으로 잡았다.'라는 근거를 연결하는 과정을 살펴보자. 추론 과정을 중시한다면 '주민이 집에 침입한 강도를 맨손으로 잡았다. 따라서 주민은 용감하다.'라고 서술하면 안 된다. 왜냐하면 집에 침입한 강도가 여러 날 굶주려서 주민의 집에 침입할 때 기운이 없는 상태였다면, 그런 강도를 맨손으로 잡았다고 해서 주민이 용감하다고 할 수 없다. '주민이 집에 침입한 강도를 맨손으로 잡았다.'라는 근거로부터 '주민은 용감하다.'라는 주장을 끌어내기 위해서는 강도의 상태를 언급하는 중간 단계가 있어야 한다. 중간 단계를 설정하는 것은 사고의 객관성을 확보하기 위한 것으로, 논술에서 추론 과정은 객관성을 확보하는 과정이라고 할 수 있다.

4) 기업과 관련된 지식은 항상 체크해야 한다.

금융권 공기업 논술은 주로 해당 기업과 관련된 논제가 출제된다. 예를 들어, 서민금융진흥원에서 '소득 양극화의 원인과 소득 양극화를 해결하기 위해 서민금융진흥원이 해야 할 역할에 대해 논술하시오.'라는 논제가 나올 수 있다. 따라서, 자신이 가고자 하는 기업 관련 정보를 알아두고, 다양한 논제를 해당 기업과 관련하여 생각하는 연습이 필요하다.

2. 일반 공기업 논술의 특징

1) 공기업론에 주목해야 한다.

일반 공기업 논술에서는 '공기업론'과 관련된 논제가 자주 출제되기 때문에 해당 기업 정보뿐만 아니라 '공기업론'에 대해서도 숙지해야 한다. 공기업론은 공기업의 정의와 분류, 이념과 법적체계, 행정주체와 경영평가, 조직관리 및 인사관리 등으로 구성된다. 공기업 논술을 잘하기 위해서는 해당 기업에 대한 것뿐만 아니라 공기업의 본질에 대해서도 파악해야 한다.

2) 환경문제에 주목해야 한다.

환경문제는 우리나라뿐만 아니라 전 세계적으로 이슈가 되고 있는 문제이다. 2015년 신기후변화협약이 채택되면서 이산화탄소 배출 규제가 이루어졌고, 이로 인해 에너지·발전 분야의 발전 생산량이 떨어지는 문제가 발생하였다. 발전 생산량 감소는 경제 타격으로 이어질 수 있기 때문에 환경문제를 단순히 환경 관련 기업의 이슈로만 볼 것이 아니라, 공익을 우선시하는 모든 공기업과 관련된 이슈로 생각해야 한다. 특히, 에너지·발전과 관련된 정부출연연구소라면 환경 관련 문제에 대해 정확하게 숙지해야 한다.

3) 그 외 시사에 민감해야 한다.

최근 3년간의 출제 경향을 살펴보면 주로 공기업 행정 및 경영, 환경문제에 대한 논제가 출제되었다. 그러나, 종종 그 외의 시사 논제가 출제된 적도 있기 때문에 최신시사에 대해 파악해야 한다.

4) 보고서 양식을 중시해야 한다.

금융 공기업 외의 공공기관은 보고서 쓰는 방식을 중요하게 생각한다. 공기업에서 채용 전 논술시험을 보는 가장 큰 이유는 보고서 작성에 필요한 기초 능력을 갖춘 인재를 선발하기 위해서이다. 그러므로 공기업 논술시험을 준비하는 수험생은 정해진 형식에 맞추어 추론해 나가는 연습을 해야 한다. 형식에 맞는 추론이란 기본 정보, 현용 정보, 판단 정보 순으로 추론해 나가는 것을 말한다.

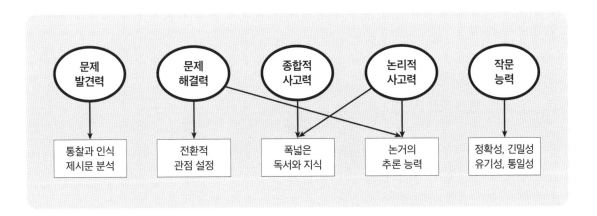

Ⅱ 공기업 논술이 요구하는 핵심 능력

1 문제 발견력

문제 발견력은 현상을 보고 본질을 이해하는 능력을 말한다. 즉, 사안의 본질과 사회적 배경을 알고 종합적인 사고를 하는 힘으로, 논제 및 제시문을 분석할 때 가장 중요한 요소이다. 논술은 결국 분석 능력을 평가하는 시험이기 때문에 제시문을 분석하는 연습이 필요하다. 제시문이 없는 경우 하나의 논제에서 두 가지 이상을 묻는 경우가 많기 때문에 논제에서 요구하는 바를 정확히 분석할 수 있어야 한다.

한국거래소 기출

> ⟨논 제⟩
> 1. 미·중 무역전쟁의 원인 세 가지에 대해 이야기하시오.
> 2. 중국과 미국의 경제성장률과 대중·중미 수출 성향에 대해 논술하시오.
> 3. 미·중 무역전쟁이 한국에 미치는 영향을 한·중, 중·미, 한·미 무역구조와 함께 설명하시오.
> 4. 앞으로 한국은 어떤 무역정책 대책을 세워야 하는지에 대해 설명하시오.

위의 논제는 서로 다른 4개의 논제로 보이지만 사실은 하나의 논제이다. 이 논제의 핵심은 '미·중 무역전쟁이 한국에 미치는 영향을 정확히 이해하고 있는가?'로서 정치적 관점이 아닌 경제적 관점에서 서술하는 것이 포인트이다. 특히, 첫 번째 논제의 미·중 무역전쟁의 원인에 대해 서술할 때는 정치적 의도나 국제적 헤게모니 갈등이 아닌 미·중 산업경쟁과 미국과 중국의 상반된 무역 입장에 대해 논해야 한다.

2 문제 해결력

문제 해결력은 문제를 해결하기 위해 사실과 논리에 맞춰 타당한 해결방안을 찾아내는 힘이다. 문제 해결방안을 찾는 방법 첫 번째는 분명한 '관점'을 가지는 것이다. 논술은 관점을 통해 자신의 생각을 드러내는 것으로, 답안을 논리적으로 서술하기 위해서는 자신의 관점을 분명하게 하는 것이 중요하다. 두 번째는 문제에서 요구하는 바를 정확하게 파악하는 것이다. 보통 설명이나 선택, 규명이나 권고, 비교나 대조, 인과 관계 등의 형태로 문제 내에 해결책이 포함되어 있는 경우가 많기 때문에 이를 잘 찾아낼 수 있어야 한다. 이 점에 대해 명심하고 앞서 제시된 논제를 다시 살펴보자.

〈논 제〉

1. 미·중 무역전쟁의 원인 세 가지에 대해 이야기하시오.
   - 미국의 수출 악화로 인한 미국 내 관세 문제
   - 미국과 중국의 첨단 산업에 대한 패권 경쟁
   - 미국의 아시아 진출을 위한 초석 다지기와 중국과의 경제 우위 전쟁
   - 중국을 변동환율제로 전환하기 위한 미국 내 정책과 중국의 경제 성장

2. 중국과 미국의 경제성장률과 대중·중미 수출 성향에 대해 논술하시오.
   - 중국의 성장 : 중국제조 2025(2015년 중국이 제조업 활성화를 목표로 발표한 산업고도화 전략)
   - 대중 수출 성향 : 미국의 반도체·첨단 산업 부품 분야 적자
   - 중미 수출 성향 : 미국 내 중국 부품 시장의 성장과 미국 시장보다 큰 중국의 대외 영향력

3. 미·중 무역전쟁이 한국에 미치는 영향을 한·중, 중·미, 한·미 무역구조와 함께 설명하시오.

4. 앞으로 한국은 어떤 무역정책 대책을 세워야 하는지에 대해 설명하시오.

위와 같이 미·중 무역전쟁의 원인과 경제성장률에 대한 사실을 서술하였다면 그다음에는 이에 대한 자신의 관점을 서술해야 한다. 다시 말해 단순히 미·중 무역전쟁에 대한 사실을 나열하는 것에서 나아가 미·중 무역전쟁이 한국에 미칠 영향과 한국의 대처 방법에 대해 서술해야 한다. 예를 들어, '한국의 무역정책은 지금까지 시장과 가격정책 중심으로 치우쳤다. 저렴한 제품을 선진국에 수출함으로써 대외 수출 시장을 넓혀나간 것으로, 이제 미·중 무역전쟁에서 우리는 기술 성장을 이끌고 시장의 다양성을 추구해야 한다.'라고 서술할 수 있다. 해결방안을 제시할 때에는 반드시 자신의 생각을 먼저 정리해야 하며, 그러기 위해서는 사실적 근거를 바탕으로 판단하는 능력을 갖춰야 한다.

합격 꿀 Tip

문제 해결방안을 요구하는 논제가 출제되면 '정답'을 제시해야 한다고 생각하는 수험생들이 많지만 논술은 정확한 정답을 요구하는 것이 아닙니다. 논술은 사실을 바탕으로 제시한 해결방안이 타당한지 판단력을 평가하는 것임을 유념해야 합니다.

3 종합적 사고력

종합적 사고력은 사실을 이해하는 힘이다. 여기서 사실이란 논의하고자 하는 대상의 모든 것으로, 하나의 주제를 여러 관점에서 설명할 수 있다면 논술의 80%는 완성되었다고 볼 수 있다. 종합적 사고력은 폭넓은 독서와 지식을 기반으로 나오는 힘이다. 이 힘이 없는 상태에서 단순히 필력으로만 승부를 보려 한다면 실패할 확률이 높다. 논의 대상은 늘 여러 양상을 지니기 때문에 다양한 측면을 포괄적으로 살필 수 있어야 제대로 된 논술을 할 수 있다. 이때, 논의 대상에 대한 이해는 구체적이고 정확해야 한다. 앞서 언급한 자신만의 관점을 가지기 위해서라도 사실에 대한 객관적인 이해는 필수이다.

예를 들어, 미·중 무역전쟁은 복합적인 사건들이 얽혀있기 때문에 이에 대한 원인을 다양한 관점에서 제시할 수 있다. 미·중 무역전쟁의 원인을 서로 다른 경제 성장 배경으로 본다면, 미국과 중국의 경제 성장 배경을 제시해야 한다. 먼저 중국의 경제 성장에는 두 가지 배경이 있다. 첫째는 첨단 산업 투자를 통한 경제 성장이다. 중국은 '중국제조 2025'를 통해 경공업 중심의 경제 성장에서 벗어나 미래를 이끌어갈 첨단 산업을 발전시키기 위해 노력하고 있다. 둘째는 세계 각국의 중국 투자를 통한 경제 성장이다. 경제가 침체되면서 세계 각국의 투자 펀드는 다시 중국을 향하고 있다. 글로벌 투자를 통해 중국 증시가 상승하고 투자 규모도 점차 확대되면서 중국 경제는 급성장하게 되었다.

미국의 경제 성장에도 두 가지 배경이 있다. 첫째는 셰일가스 수출이다. 2013년부터 셰일가스를 수출하면서 미국은 산유국이 되었다. 미국은 2016년 중동에 LNG를 처음 수출하면서 아시아 시장에 진출하였으며 덕분에 침체된 세계 경기와 달리 미국의 경제성장률은 나날이 높아지고 있다. 둘째는 바로 첨단 산업의 성장이다. 4차 산업혁명의 핵심이라고 불리는 'FAANG(페이스북, 아마존, 애플, 넷플릭스, 구글)'은 모두 미국 기업으로서 전 세계 첨단 산업을 이끌고 있다. 이 기업들을 통해 미국은 첨단 산업 주도국으로 자리매김하여 지속적인 경제 성장을 이루고 있다.

미·중 무역전쟁에 대한 또 다른 관점으로는 미국의 아시아 패권에 대한 관점, 미국과 중국의 첨단 산업 패권 전쟁에 대한 관점이 있다. 논술은 여러 가지 관점을 나열하는 것이 아니기 때문에 다양한 관점 중 어떤 관점을 토대로 자신의 논리를 펼쳐나갈지 판단할 수 있어야 한다.

4 논리적 사고력

논리적 사고력은 논지(논하는 말의 취지)와 논거(논하는 말의 근거)에 적절성을 부여하는 힘이다. 이것은 논술의 완성 단계로서 폭넓은 독서와 지식을 통해 얻은 종합적 사고를 기반으로 한다. 이를 바탕으로 개요를 작성할 때 논리적인 줄거리를 짤 수 있어야 한다. 문제에 대한 주장과 근거를 제시해야 하는 논술에서 주장과 근거는 다른 사람들이 수긍할 만큼 타당해야 한다. 논술의 가치를 높이기 위해서는 창의성이 필요하고 타당성을 확보하기 위해서는 보편성을 지녀야 한다. 보편적인 사실을 언급해야 적절성을 갖춘 논지가 될 수 있다. 다음 논제와 주장을 살펴보자.

〈논 제〉

1. 미·중 무역전쟁이 한국에 미치는 영향을 한·중, 중·미, 한·미 무역구조와 함께 설명하시오.
   - 한·미 무역구조와 한·중 무역구조에서 미국과 중국에 대한 한국의 수출은 흑자이며, 수출에 대한 의존도가 높다.
   - 자유무역을 표방하지만, 한국 역시 무역구조에서 이익을 얻기 위해 가격경쟁을 하고 있는 현실이다.

2. 앞으로 한국은 어떤 무역정책 대책을 세워야 하는지에 대해 설명하시오.
   - 신남방정책과 함께 동남아 시장과 인도 시장 등 다양한 시장을 개척해야 한다.
   - 첨단 산업에 대한 투자가 많이 이루어지지 않으므로 첨단 산업에 대한 R&D 투자가 이루어져야 한다.

위의 주장을 좀 더 명확하게 하기 위해서는 한국의 신남방정책과 동남아 시장 및 인도 시장의 현재 상황에 대한 객관적인 자료가 필요하다. 또한, R&D 정책의 현실에 대해 언급해야 주장과 근거가 명확해진다. 주장만으로 감정에 기대는 논술을 하면 평가자는 좋은 논술이라고 느끼지 못한다. 설득력 있는 논술이 되려면 객관적인 논리를 제시해야 한다. 논술은 자신의 주장이 무조건 맞다고 강요하는 것이 아니며, 아무런 주장 없이 사실만을 언급하는 것도 아니기 때문이다. 상대방을 설득하기 위해 논거와 논리를 찾아 주장을 하는 것이 바로 논술이다. 다음은 객관적인 논리 없이 주장만 있는 논술 사례이다.

<논 제>

최근 사회문제 중 가장 큰 문제는 부의 양극화이다. 정부는 이를 해결하기 위해 조세정책을 실시하고 있지만 이는 단기적인 해결방안에 불과하다. 부의 양극화를 해결하기 위한 장기적인 방안에 대해 논술하시오.

한국 사회의 부는 극심한 양극화의 수레바퀴 속에 있다. 양극화를 해결하기 위해 정부는 조세정책을 실시하고 있으나, 이는 동족방뇨에 불과하다. 단지 세금을 올린다고 해서 한국 사회 양극화의 고리를 끊어낼 수 없을 것이다. 정부의 조세정책은 간접세와 소득세를 올려 국고를 메우고, 이를 통해 사회복지정책을 시행하자는 것이다. 그러나 간접세는 오히려 서민들에게 부담을 줄 뿐이다. 또한, 소득세를 가장 많이 내는 사람은 바로 임금 근로자들이다. 이런 정책은 오히려 서민을 더욱 살기 힘들게 만들 뿐이다. 양극화의 고리를 끊어내기 위해서는 오히려 임금 근로자들의 임금 인상이 필요하다.

위의 사례는 객관적인 논리 없이 감정이 섞인 글이며 감정적인 글은 보편적 동의를 얻지 못한다. 위의 주장에 객관적인 논거를 제시하여 고쳐 쓰면 다음과 같다.

<논 제>

최근 사회문제 중 가장 큰 문제는 부의 양극화이다. 정부는 이를 해결하기 위해 조세정책을 실시하고 있지만 이는 단기적인 해결방안에 불과하다. 부의 양극화를 해결하기 위한 장기적인 방안에 대해 논술하시오.

한국 사회의 가장 큰 문제는 부의 양극화이다. 이를 해결하기 위해 정부는 간접세와 소득세를 올려 재정 악화를 해결하고, 사회복지정책을 실시할 것을 주장한다. 현재 한국의 10분위 소비성향(소득에 비례한 소비)을 살펴보면 1분위의 소비성향은 120% 정도이고 3분위에 가서야 99% 정도가 된다. 반면 10분위의 소비성향은 52%에 불과하다. 간접세와 소득세를 올리면 1분위의 소비성향은 더욱 늘어날 것이며 이는 오히려 양극화를 부추길 수 있다. 중요한 것은 1분위에서 3분위의 소비성향을 줄이는 것이다. 그러기 위해서는 분기별 가처분 소득을 올려야 한다. 단기적인 해결방안에 불과한 조세정책을 통해 양극화를 없애는 것이 아니라 임금 근로자들의 가처분 소득을 올려 국고를 확보하고, 사회복지를 통해 사회 안전망을 구축하는 정책이 필요하다.

위의 사례는 부의 양극화에 대해 명확히 제시하고 소비성향에 대해 언급하여 주장의 타당성을 높이고 있다. 이처럼 논거를 객관적으로 제시한 논술은 주장하는 바를 좀 더 명확하게 드러낼 수 있다. 논술에서 중요한 것은 자신의 생각을 감정적으로 표현하는 것이 아니라 객관적인 논거로 제시하는 것이다.

5 작문 능력

작문 능력은 의미를 명확하게 전달하기 위해 정확한 문장을 사용하는 능력이다. 정확한 문장이란 표기가 정확하고 그 뜻이 명료하게 전달되는 문장을 말한다. 또한, 문장은 효율성이 있어야 하는데, 효율성을 확보하기 위해서는 우선 논리적인 사고 과정이 분명하게 드러나도록 문장을 써야 한다. 불필요한 감탄문이나 의문문의 사용, 구어체로 적당히 넘어가려는 문장은 논술의 효율성을 저해한다.

작문 능력은 타고나는 것이 아니다. 앞서 언급한 논술의 4가지 핵심 능력을 먼저 갖춘 후 첨삭을 통해 능력을 향상시켜야 한다. 작문 능력만 믿고 글을 쓰는 훈련을 하지 않는다면 깊이 있는 내용을 쓰기보다는 분량 채우기에만 급급할 것이다. 논술을 할 때 정확한 문장이 아닌 전공 용어나 자신이 알고 있는 용어를 나열하며 어휘를 과시하려는 수험생도 있는데, 다음은 뜻이 명확하지 않고 과시적인 어휘를 쓴 논술 사례이다.

〈논 제〉

명품 소비 현상의 문제점과 해결방안에 대해 서술하시오.

한국 경제가 어려움에도 불구하고 명품 소비는 줄어들지 않고 있다. 이러한 현상은 베블런 효과만으로는 설명하기 어렵다. 소비문화는 자본에 의해 결정되는 경우가 많다. 자본을 많이 축적한 집단은 자본이 많이 들어가는 소비를 하고, 자본이 축적되지 않은 집단은 자본이 적게 들어가는 소비를 한다. 그러나 소비는 계속 확산되고 최근에는 메시클루시버티라는 신종 용어까지 탄생했다.

소비문화는 자본에 의해 결정되고 눈에 보이지 않는 계급을 형성한다. 대중들은 기호에 의한 상징물을 소비하고, 이런 소비의 정당화를 통해 계급이 결정된다. 대부분의 대중은 상위 계급에 들어가고 싶어 한다. 그러한 행동은 소비의 형태로 나타난다. 대중은 명품을 소비하고, 명품을 소비하는 가운데 계급을 결정짓는 정당성을 찾는다. 그것을 구별 짓기 위해 상위 계급의 자본가들은 또 다른 소비를 하여 명품 소비를 촉진한다.

부르디외는 문화와 경제가 상호 구성망 속에서 복잡하게 관련되어 있다고 주장한다. 경제의 계급 구분은 반드시 문화의 상징적 구분을 발생시키는데, 이것은 다시 계급 구조를 발생시키고 정당화한다는 것이다. 마르크스주의 계급 분석의 단편적인 유물론을 거부하면서, 부르디외는 상징적 상품의 소비가 계급 구조 정당화와 선택을 통해 계급 지배를 재생산하는 데 기여하는 바를 드러내고자 한다.

이러한 문화 자본을 바탕으로 '구별 짓기'가 나타난다. 각자의 Champ를 구성하는 문화적 그룹은 문화적 취향을 모방하게 된다. 문화적 자본에 의해 만들어진 문화적 계급은 자신의 계급을 정당화하기 위해 문화적 모방을 거부하는 의사가 나타나게 되는데, 이를 '구별 짓기'라 한다.

위의 사례는 부르디외의 '구별 짓기' 이론을 명품 소비와 연결지어 설명하지만 무엇을 말하는지 정확히 전달되지 않는다. 논술을 하기 위해 이론을 공부하는 것은 좋지만 이론만으로 좋은 논술문을 쓸 수 있는 것은 아니다. 정확한 표현을 하기 위해서는 자신이 알고 있는 이론을 현상에 대입하여 설명할 수 있는 능력이 필요하다. 따라서 이론을 습득하였다면 반드시 현상에 접목하고 읽어낼 수 있는 연습을 해야 한다.

Ⅲ 공기업 논술의 출제 유형

1 단독자료 제시형 + 복수 논제형

단독자료 제시형 + 복수 논제형은 한국과학창의재단과 한국주택금융공사, 창업진흥원 등에서 자주 출제되는 유형으로, 자료가 제시되지 않는 경우 복수 논제형으로 출제된다. 논제가 나뉘어 있어 개요를 잡기 쉬워 보일 수 있지만 주로 '바람직한 기업상'을 묻는 마지막 논제로 인해 개요가 복잡해질 수 있다. 제시문을 분석하여 논술의 방향을 설정하고, 논제의 형식에 맞춰 주장과 근거를 펼쳐야 한다.

〈논 제〉

1. 기업의 사회적 책임이 어디까지인지에 대해 논술하시오.
2. 공기업의 사회 공헌 활동의 필요성에 대해 설명하시오.
3. 사회 공헌 활동에는 어떤 것들이 있는지에 대해 논술하시오.
4. 각 기업의 바람직한 기업상을 만들기 위한 방법에 대해 자신의 생각을 서술하시오.

제시문

한국의 상황을 고려하여 기업의 책임에 대해 논의할 때는 기업에 요구되는 바에 주목해야 한다. 많은 사람이 한국의 대기업이 국가, 특히 정부로부터 많은 혜택을 받아 성장했다고 생각한다. 초기 한국의 경제개발은 정부 주도로 이루어졌으며, 그 기간에 대기업은 정부가 몰아주었던 자원을 활용하여 정부 보호 아래 성장할 수 있었다. 이러한 측면에서 한국의 대기업이 주주모형을 채택하면 사회적으로 수용되기 어려울 수 있다. 한국의 대기업에는 대주주(소유 경영자), 소액 주주 및 금융기관, 종업원(노조 포함), 정부, 고객, 일반사회(언론 포함) 등 최소 여섯 그룹 이상의 이해당사자가 존재한다. 전통적으로는 정부와 대주주가 한국기업의 가장 중요한 이해당사자였으나, 1987년 이후 민주화 과정에서 종업원 노조 및 일반사회, 언론의 중요성이 커졌다. 점차 경쟁이 치열해지면서 고객의 중요성이 커지고, 최근 기업경영의 투명성과 긍정성이 강조되면서 소액 주주 및 금융기관도 점차 중요해지고 있다. 이런 상황에서 한국 대기업이 다음 그림의 이해당사자 모형을 채택한다면 기업의 책임은 상당히 확대될 것이다.

기업의 사회적 책임: 주주의 이익과 사회적 이익

	손해 **주주** 이익
손해 **사회** **이익**	실책 / 주주에게는 이로우나 사회에는 손해 / 사회에는 이로우나 주주에게는 손해 / 양자에 이익

여기에는 두 가지 측면이 존재한다. 하나는 기업에 불리하지만 사회에 유리하다고 인식되는 행동을 택할 필요가 생기는 것으로 그림의 3사분면이 그러하다. 예를 들어, 지불조건을 하청 중소기업에게 유리하게 하는 것은 주주에게는 손해이지만 사회를 위해서는 필요한 행동이다. 다른 예로는 물가 안정을 위해서 정책적으로 제품 가격을 인하하는 경우이다. 물론 기업의 여러 이유로 가격을 인하할 수 있으나 가격탄력성이나 경쟁상의 대응 때문에 가격 인하가 기업에 손해를 끼치는 상황에서, 국가의 거시경제 정책목표를 달성하기 위해 자진해서 가격을 인하하는 것은 상당히 한국적인 현상이다.

기업의 확대된 사회적 책임의 다른 측면은 사회 공헌 활동이다. 앞에서 예로 든 기업의 행동이 사업 활동과 직결된 것인 반면, 여기서 말하는 사회 공헌 활동이란 기업의 사업 활동과 직접적인 관계없이 사회를 위해서 기업의 자원을 투입하는 활동을 말한다. 여기에도 한국적인 상황이 존재한다. 한국의 대기업은 과거 정부 지원을 많이 받았기 때문에 정부나 정치집단으로부터 여러 형태의 기부 압력을 자주 받았다. 소위 준조세적 기부금이 그 예이다. 지금까지 대기업은 정부의 각종 행사, 스포츠 또는 자연재해 등에 대한 지원같이 반강제적 내지 비자발적으로 내는 기부금이 많았다. 이런 정치적·사회적 환경으로 인하여 한국의 대기업들은 미국이나 일본의 대기업에 비해서 기부금을 많이 내는 편이다. 최근 대학 등의 교육기관이 기업에 기부를 요구하는 사례가 증가하고 있고, 실제로 많은 기업이 교육기관에 기부하고 있다.

기업의 사회 공헌 활동은 인적 자원과 물적 자원을 통해서 일어나는데, 인적 자원은 주로 봉사 활동으로 이루어진다. 1990년대 중반부터 한국 사회 전반에 걸쳐 봉사 활동이 강조되고 있으며, 일부 기업이 봉사 활동에 적극적으로 참여하고 있다. 물적 공헌 활동은 기업 재단을 통한 것과 기업의 직접 기부 두 가지 형태가 있다. 한국의 대기업은 모두 기업 재단을 가지고 있으나, 아직은 기업 재단에 대한 사회적 시각이 부정적이기 때문에 재단 활동에 대한 규제가 많은 편이다. 한국의 대기업 소유 구조로 인하여 기업 재단을 상속 수단 내지는 기업의 지주 회사로 인식하는 시각이 만연하다. 한국 기업이 직접 또는 재단을 통해서 사회에 공헌하는 바가 상당한데도, 부정적 인식으로 인하여 기업의 사회 공헌에 대한 사회적 평가는 매우 인색한 편이다.

2 단독 논제형

대부분의 금융권 공기업에서 출제되는 유형으로 논제의 숨은 의도를 찾아 풀이하는 것이 핵심이다.

신용보증기금 기출

> **〈논 제〉**
>
> 핀테크 산업을 신용보증기금에 적용할 수 있는 영역과 방안에 대해 본인의 의견을 제시하시오.

본 논제를 해결하기 위해서는 신용보증기금의 사업에 대해 숙지해야 한다. 그뿐만 아니라 핀테크의 현황과 기술적 적용 가능성, 현재 핀테크가 금융권에 어떻게 적용되었는지 알아야 한다.

한국예탁결제원 기출

> **〈논 제〉**
>
> 한국 사회의 양극화 원인과 이를 해결하기 위한 방안에 대해 논술하시오.

본 논제를 해결하기 위해서는 정부의 조세정책과 조세정책의 문제점에 대해 숙지해야 한다. 이때 조세정책의 문제점만 서술하면 편협한 논리로 이어질 수 있기 때문에 조세정책의 긍정적 측면도 서술하는 것이 중요하다.

3 기출 문제를 통한 유형 파악

논술을 공부하면서 기출 문제를 분석하는 이유는 이 문제가 다시 나올 것을 기대해서가 아니라 출제 경향을 파악하고 공부 범위를 정하기 위해서이다. 기업이 원하는 인재를 채용하기 위해서 묻고자 하는 바는 모두 기출 문제 분석을 통해서만 예측할 수 있다. 논술 문제는 항상 현재 시점으로 출제되므로 현황에 관한 관심이 필요하다.

기업명	논제	논제 분석
한국은행	① 우리 사회 갈등 심화 현상과 해소방안에 대해 논술하시오. ② 자기 소신과 철학 없이 남들이 하는 대로 하는 사람과 정보와 주변 환경의 영향을 받으며 살아가는 사람, 남들을 따라가지 않고 자기 생각과 소신을 밝히며 살아가는 사람과 관련된 자기 생각을 논술하시오. ③ 코로나19로 경제불확실성이 증가해서 통계 수요가 증가하고 있다. 현 상황의 해결방안을 새로운 통계나 기존 통계 방법을 수정하여 구체적으로 말하고 이에 대한 장단점을 논하시오. ④ 코로나19 이후 디지털 플랫폼 사업자들의 영향력이 강화되고 있는 가운데, 해외 주요 국가와 우리나라에서는 디지털 플랫폼의 부정적인 영향을 통제하기 위한 규제 논의가 활발하게 진행되고 있다. 해외 주요 국가와 우리나라에서 디지털 플랫폼 사업자에 대한 규제를 추진하는 근거를 세 가지 이상 논하시오. ⑤ 코로나19 위기에 대응하여 각국의 정책당국은 이례적인 재정부양책을 시행하고 대규모 유동성을 공급하였다. 지난 3월 미국의 구호법안(American Rescue Plan)이 발효되면서 역사상 최대 규모의 재정 지출이 예상됨에 따라 경제학자들을 중심으로 향후 인플레이션에 대한 논쟁이 가열되고 있다. 인플레이션 상승 리스크가 크다는 입장과 그렇지 않다는 입장의 논리를 각각 설명하시오.	• 사회 • 사회·철학 • 경제·금융 • 경제
금융감독원	① 한계기업 및 자영업자의 어려움을 해결할 방안에 대해 논술하시오. ② 공정사회를 위한 규율과 자유 중 무엇이 더 중요한지 논술하시오. ③ 불법 사금융 문제의 원인과 대응방안은 무엇이 있는지 논술하시오. ④ 코로나19로 인한 사생활 침해와 개인정보 문제에 대한 상반되는 의견에 대해 각각 옹호 주장을 펼치고 둘을 해결할 방안을 제시하시오. ⑤ 코로나19가 지속됨에 따라 국내 자영업자의 폐업률이 늘어나고 있다. 높은 폐업률의 요인은 무엇이며, 그에 따른 대책은 어떤 것이 있을 수 있는지에 대해 논술하시오.	• 사회·경제 • 사회·금융 • 사회정책

| 신용보증기금 | ① 낙수효과와 분수효과 중 무엇이 더 적절한지에 대한 본인의 의견을 제시하시오.
② B2B 전자상거래보증의 개념과 신용보증기금의 대응책이 무엇인지 논술하시오.
③ 신용보증기금은 코로나19로 인하여 위축된 경제에 활력을 제고하고, 피해 중소기업 지원을 위해 신속 대응 프로그램을 통한 정책금융 공급을 확대 추진하고 있다. 이에 따라 보증총량(일반보증 및 유동화보증)을 당초 54조 원에서 79조 원으로 25조 원을 확대 운용하여 국가의 정책적 요구에 부응하고 있다. 특히 유동화보증(P-CBO)은 당초 5조 원 규모에서 추가로 신규조달 계획이 확정된 코로나19 피해 대응 P-CBO 등 약 8.2조 원을 포함한다면, 향후 13조 원 이상의 일시적 공급이 발생할 것으로 예상된다. 따라서 유동화보증 공급 이후 기초자산 부실 위험 등에 대한 철저한 대비책 마련이 필요한 상황이다. 지원자가 생각하는 신용보증기금의 유동화보증의 리스크 관리 방안을 단기적 방안으로 구분하여 구체적으로 제시하시오.
④ K-뉴딜(한국판 뉴딜)정책과 과거 미국 뉴딜정책의 정책적 공통점과 차이점 및 K-뉴딜의 성공적 달성을 위한 필수요건을 구체적으로 제시하고, 대한민국을 선도형 경제로 전환하기 위한 두 축인 디지털 뉴딜과 그린 뉴딜 중 신용보증기금은 어느 측면에 중점을 두고 정책금융기관으로서 주도적 역할을 수행해야 할 것인지를 신용보증기금의 설립목적 및 경영전략 등과 연계하여 구체적으로 제시하시오.
⑤ 보증료 인상과 보증료 인하 중 지원자가 생각하는 적절한 보증료 부과 정책을 신용보증기금의 경영전략 및 재무상황과 연계하여 기술하고, 그에 따라 파생되는 문제점을 최소화하기 위한 방안을 구체적으로 제시하시오.
⑥ 디지털 전환 추진을 통해 신용보증기금이 추구해야 할 미래상이 무엇이라고 생각하는지 기술하고, 디지털 전환의 고도화에 따라 발생할 수 있는 부작용과 이를 해소하기 위한 방안에 대해 서술하시오.
⑦ 충당부채의 사례에 대해 설명하고, 충당부채가 무엇인지 약술하시오.
⑧ 지식재산(IP)금융의 개념과 IP가치평가의 역할 및 중요성에 대해 서술하시오. | • 사회·경제
• 회사 관련
• 금융 |

한국국제협력단	① 그랜드캐니언 사고와 관련하여 긴급구난 제도에 대한 찬반 및 국민청원 제도의 장단점과 개선방안에 대해 논하시오. ② 신기후체제에서 기후기술협력의 필요성과 개도국이 필요로 한 구체적인 기술에는 어떤 것들이 있는지 서술하고, KOICA의 방향성을 제시하시오. ③ NGO 사업이 정부 개발 협력 사업과 중첩되는 일이 빈번해지고, 정부의 개발 협력 사업의 대리자 역할에만 집중되는 현상이 나타나고 있는데, NGO의 정의와 역할, 위상 그리고 한국 정부와 NGO의 협력 사례를 구체적으로 서술하고, 정부와 NGO의 상생 협력 방안에 대한 자신의 의견을 서술하시오. ④ 국제사회의 분쟁 문제가 심화하면서 이를 해결하기 위한 UN 및 국제기구의 역할이 요구되고 있다. 분쟁 해결을 위한 국제기구의 역할과 위상, 한계점을 서술하고, 국제기구가 분쟁 문제 해결에 효용성을 낼 수 있는 개선방안에 대한 자신의 의견을 서술하시오. ⑤ 미국의 금리가 인상됨에 따라 개발도상국들의 디폴트가 이어지고 있다. 이에 대한 현상 분석과 어떻게 대처할 수 있을지에 대해 논술하시오. ⑥ 전 세계 식량 위기가 주목되고 있다. 이에 따라 선진국과 개도국의 갈등이 이어지고 있는데, 이를 해결할 수 있는 방안에 대해 자신의 생각을 논술하시오.	• 회사 관련 • 국제 시사
한국농수산식품 유통공사	① 쌀 소비 촉진 운동에 의해 수요·공급 변동이 어떻게 변화하는지 기술하시오. ② 시장가격에 의해 쌀 가격이 결정될 경우 쌀 소비 촉진으로 인한 영향에 관해 쓰시오. ③ 쌀 수요와 생산 면적이 감소하는 상황에서 쌀 생산 농가와 가공 업체가 상호 이득을 취할 방안에 대해 논술하시오. ④ 정부의 친환경 자동차 지원정책이 전기차 충전 시장과 전기차 생산 시장에 주는 긍정적·부정적 효과에 대해 논술하시오.	• 회사 관련 • 산업 시사
영화진흥위원회	① 영화진흥위원회는 한국 영화의 해외 진출에 힘쓰고 있다. 해외 진출이 필요한 이유에 대해 논술하시오. ② OTT 플랫폼과 관련하여 변화하고 있는 영화관람 흐름에 대한 자기 생각을 논술하시오. ③ 〈기생충〉, 〈미나리〉가 골든글로브 작품상이 아닌 외국어 영화상에 노미네이트 되었다. 이를 통해 세계화가 오히려 문화의 다양성을 저해한다는 주장이 주목되고 있는데, 이에 대한 자신의 생각과 문화의 다양성을 만들어가기 위한 방안에 대해 논술하시오.	회사 관련
창업진흥원	① 4차 산업혁명에 따른 사회 미래상 및 창업 원천요인에 관해 서술하시오. ② 창업자의 기업가정신 확립에 요구되는 전략 구성요소에 관해 기술하시오. ③ 창업 사업 타당성 분석 수행절차와 고려사항을 기술하시오. ④ 20페이지 보고서를 3페이지로 요약하시오.	• 회사 관련 • 사회

한국소비자원	① 코로나 자가격리 무단이탈자 안심밴드 착용에 대한 찬성과 반대 입장 중 하나를 선택하고 근거를 세 가지 이상 작성하시오. ② 대한민국의 양극화 문제의 원인과 해결방안에 대해 자신의 생각을 논술하시오.	사회
한국환경산업기술원	지문을 근거로 스마트 그린 시티의 필요성과 앞으로의 발전 방향에 대해 논술하시오.	회사 관련
해양수산과학 기술진흥원	① 4차 산업혁명의 의미와 이에 대비하기 위해 해양수산과학기술진흥원이 나아가야 할 방향에 대해 논술하시오. ② 성과연봉제를 폐지하게 된 사회적 배경을 제시문의 내용을 참고하여 서술하고, 이에 대한 본인 견해를 서술하시오. 그리고 향후 바람직한 임금체계와 그 실행방안에 대하여 서술하시오.	• 회사 관련 • 시사
한국언론진흥재단	① 유사광고 도입에 따른 미디어 생태계 변화에 대한 자신의 생각을 논술하시오. ② 국가 간 상황에서 언론의 역할과 언론이 취해야 하는 자세를 서술하시오. ③ 코로나19로 인한 저널리즘과 언론 기업의 변화에 대한 자신의 생각을 논술하시오. ④ 코로나19로 인한 저널리즘의 위기와 언론 기업에 대한 영향에 대해 자신의 생각을 논술하시오. ⑤ 코로나19 이후 언론 기업의 지속 가능 방안에 대한 자신의 생각을 논술하시오.	• 회사 관련 • 시사
한국원자력안전기술원	원자력 사업의 국민 수용성 개선 방안에 대해 논술하시오.	회사 관련
서민금융진흥원	① 소득 양극화의 원인과 서민금융진흥원이 해야 할 일에 대해 서술하시오. ② 포용적 금융에 대해 자기 생각을 논술하시오.	회사 관련
사립학교교직원 연금공단	① 삼성전자가 페이스북이나 구글 같은 서비스를 성공적으로 제공하기 위해 어떤 대책을 마련하는지 논술하시오. ② CSV(Creating Shared Value) 실현을 위한 우리 공단의 방향성에 대해 논술하시오. ③ 짠테크가 우리나라 산업에 미치는 긍정적인 영향과 부정적인 영향에 대해 논술하시오.	시사
국악방송	① 국악방송 주최 21세기 한국음악 프로젝트 SWOT분석 및 2018년도 기획 방향에 대해 논술하시오. ② 전통예술 단체들의 해외 진출 전망과 관련하여 시사점 있는 사례를 제시한 후 자기 의견을 서술하시오.	회사 관련
한국과학창의재단	2018년도 과학문화 지원사업 운영 계획을 보고 2017년도와 비교하여 정책의 연속성과 차별성이 무엇인지, 자문회의를 개최한다면 어떻게 구성할 것인지에 관해 쓰시오.	회사 관련

한국무역보험공사	① 금리 인하가 기업설비 투자촉진에 효과가 없는 이유를 케인스주의와 신케인스주의 입장에서 밝히고 정책을 제안하시오. ② 한국이 달러 보유 시 어떤 조건에서 어떤 행동을 취해야 하는지에 대해 서술하시오. ③ 재정정책에서 재난지원금과 보조금을 비교하시오. ④ 양적 완화와 저금리의 효과는 무엇인지 논술하시오. ⑤ 코로나19로 인한 거시경제의 변화에 대해 자기 생각을 논술하시오. ⑥ 전기차 시장 진입을 위해 정부는 지원을 해야 하는 것인가? 미국의 인플레이션 방지법에 대처하기 위한 방안에 대해 자신의 생각을 논술하시오. ⑦ 유럽연합의 탄소국경조정제도(CBAM)가 2023년 1월부터 시험 시행된다. 이에 대한 무역 제한에 대해 자신의 생각을 논술하시오.	경제
KDB산업은행	① 4차 산업혁명에 따른 금융권의 대응은 무엇인지에 대해 논술하시오. ② 4차 산업혁명 시기에서 조직 혁신 방안은 무엇인지 논술하시오. ③ 현 코로나19 상황과 같이 돌이킬 수 없는 외부 충격이 무엇이 있을지, 금융권은 그 외부 충격에 어떻게 대응해야 하는지 논술하시오. ④ 산업은행의 법규를 보고 본인의 견해와 구체적인 근거, 그리고 산업은행의 정책 방향에 대해 서술하시오.	• 사회·경제 • 회사 관련
한국예탁결제원	① 4차 산업혁명 시기의 금융 산업의 방향성에 대해 논술하시오. ② 토지공개념과 관련하여 자신의 생각을 논술하시오. ③ 해외투자가 늘어나는 현상의 원인에 대해 밝히고 앞으로 자본시장이 어떻게 될 것인지에 대해 논술하시오. ④ 토지공개념과 토지국유화의 차이와 토지공개념 헌법개헌안 찬반에 대해 자기 생각을 이야기하시오. ⑤ 토지허가제의 부작용을 서술하시오. ⑥ 블록체인을 기반으로 하여 NFT(대체 불가능 토큰) 시장이 커지고 있다. 이에 따라 자본시장은 어떻게 변화할 것인지에 대해 자신의 생각을 논술하시오. ⑦ 주 52시간 근무제와 주 42시간 근무제에 대해 자신의 생각을 논술하시오. ⑧ 주식투자자들이 급증하는 상황에 대한 문제점과 앞으로 주식시장이 어떻게 될 것인지에 대해 논술하시오.	• 회사 관련 • 시사 • 사회
한국주택금융공사	① 전월세 전환율, 임대인 임차인의 전세 월세를 고려하는 차이와 전세보증금 보증상품과 전세 보증상품을 비교하고 현시점에서 어떤 기여를 하는지에 대해 논술하시오. ② 정부는 9·13부동산 대책에서 종합부동산세를 강화하기로 하였다. 이와 같은 정책으로 인해 주택가격과 전셋값은 어떻게 변동할 것인지 서술하시오. 또한, 주택시장 안정을 위해서 주택금융공사가 해야 할 일을 세 가지 이상 제시하시오.	회사 관련

| 한국거래소 | ① 미·중 무역전쟁의 원인 세 가지에 대해 이야기하시오.
② 중국과 미국의 경제성장률과 대중·중미 수출 성향에 대해 논술하시오.
③ 미·중 무역전쟁이 한국에 미치는 영향을 한·중, 중·미, 한·미 무역구조와 함께 설명하시오.
④ 앞으로 한국은 어떤 무역정책 대책을 세워야 하는지에 대해 설명하시오.
⑤ 한국에서 자영업자 비율이 높은데 이에 대한 구제방안과 정책 방향에 대해 논술하시오.
⑥ 미·중 무역전쟁이 한국에 미치는 영향에 대해 구체적으로 기술하시오.
⑦ 최근 글로벌 대기업을 중심으로 현금과 현금성자산을 많이 축적하는 것으로 나타났다. 그 이유를 지문에 근거하여 설명해 보시오.
⑧ ETF의 등장 배경을 효율적 시장에 근거하여 기술하시오. | • 경제 시사
• 금융 시사 |

논술 문제는 금융, 사회·경제 시사, 인문학, 회사 관련 등 주제가 다양하다. 최근에는 환경문제, 글로벌 금융 등 시사 이슈를 제시하고, 그 이슈에 대한 기업 차원에서의 해결방안을 묻는 경우가 많아 지원하는 기업의 사업 내용을 반드시 확인해야 한다. 이처럼 대부분의 문제가 현재의 흐름 및 문제점을 파악하고 미래를 예측하거나 해결방안을 제시하는 문제이므로 역사적 배경, 사회의 본질에 대해 정확하게 이해해야 한다.

그 예로 한국예탁결제원 논술시험에 '블록체인을 기반으로 하여 NFT(대체 불가능 토큰) 시장이 커지고 있다. 이에 따라 자본시장은 어떻게 변화할 것인지에 대해 자신의 생각을 논술하시오.'라는 논제가 출제되었다. 이 논제를 해결하기 위해서는 현재 NFT의 상황만을 기술하는 것이 아니라 NFT 시장을 분석하고, 거래 시장의 본질을 이해하고 있어야 한다.

지금까지는 코로나19에 대한 주제가 가장 많이 출제되었고, 문화와 산업의 변화, 미국 경제 상황과 관련된 주제도 출제되었다. 그 결과 해당 주제에 대한 자료만 읽어 보아도 상당히 많은 기업의 논술 문제를 풀 수 있었다. 그렇다면 앞으로의 논술은 어떻게 공부해야 할까? 지금까지의 가장 큰 이슈가 환경문제, 코로나19로 인한 변화였다면, 앞으로는 국제사회의 변화와 양극화된 사회, 경기 침체 탈출이 가장 큰 이슈가 될 것이다. 따라서 기출 문제를 면밀히 파악하고, 향후 경제와 사회가 어떻게 변화하는지를 이해해야 한다. 이제 다음 장에서 어떤 논술 주제를 대비해야 하는지 알아보도록 하자.

4 분야별 예상 논제

미래를 전망하는 책과 강연이 쏟아지고 있다. 앞으로 나타날 사회적 변화 중에서 가장 많이 언급되는 것은 사회적 양극화, 경기 침체, 금융시장의 변화, 환경문제, 세대의 변화, 노동시장의 변화이다. 이를 바탕으로 앞으로 나올 예상 논제와 공부 범위를 정리하면 다음과 같다.

분야	예상 논제	공부 범위
금융·경제	① 우크라이나-러시아 전쟁이 일어나면서 유가의 급등 등 경제적인 측면에서 여러 가지 문제가 나타나고 있다. 이에 따른 전망과 한국 경제에 미칠 영향에 대해 논술하시오. ② 환율이 급등하면서 원화의 가치가 떨어지고 있다. 이에 대한 앞으로의 한국 금융정책의 방향과 대처방안에 대해 논술하시오. ③ 현재 미국의 대중 압박, 곡물 가격 상승, 우크라이나-러시아 전쟁, 금리 상승 압력 등이 지속되면서 인코텀스(Incoterms)가 무너지고 있다고 이야기한다. 이에 따른 새로운 인코텀스의 변화는 어디에 있는지에 대해 자신의 생각을 논술하시오. ④ 미국의 인플레이션 방지법이 우리나라 경제나 증시에 미칠 영향을 서술하고, 이에 대한 대응방안을 모색하시오. ⑤ 글로벌 증시는 상승하고 있으나 한국의 코스피 증시는 변동성이 커지고 있다. 그 원인은 무엇이며, 앞으로의 대응방안은 무엇인지에 대해 논술하시오. ⑥ 중국이 외국인에게도 디지털 위안화를 개방하면서 디지털 화폐 경쟁에서 앞서간다는 이야기가 나오며 기축통화로서의 위상으로 이어져 나갈 것이라고 전망한다. 이에 대한 자신의 생각을 논술하시오.	• 물가 상승과 금융과의 관계 • 환율과 금리 • 국제시장의 관계 • 새로운 무역활로 달성 방안 • 미국 경제와 세계 경제의 방향 • 증시의 방향과 금융 • 화폐 경제의 변화
경제·산업 이슈	① NFT의 발전과 가상화폐와의 관계는 어떻게 될 것이며, NFT는 어떻게 발전할 것인지에 대해 논술하시오. ② 환경문제와 에너지 전환에 대한 현재의 문제점과 국제사회에서 탄소국경조정제도(CBAM)에 대응하기 위한 방법은 어떤 것이 있는지에 대해 논술하시오. ③ 2023년부터 서구사회는 탄소 국경세, 탄소 수출입 제한 등 탄소 중립에 대해 매우 적극적인 대응을 하고 있다. 앞으로 한국이나 기업은 이에 대해 어떻게 대응해야 하는지에 대한 자신의 생각을 논술하시오. ④ 소득 양극화의 원인과 해결방안에 대해 자신의 생각을 논술하시오. ⑤ 플랫폼 노동시장이 급증하면서 산업에 대한 변화도 일어나고 있다. 이 현상을 파악하고 앞으로의 산업구조와 노동의 변화에 대한 자신의 생각을 논술하시오. ⑥ 현재 긱 이코노미가 급부상하고 있다. 긱 이코노미가 가지고 있는 사회적인 현상과 앞으로 노동시장은 어떻게 변화할 것인지에 대해 자신의 생각을 논술하시오.	• 화폐 경제 • 기후변화 대비 정책과 글로벌 환경의 변화 • 기후변화와 탄소 중립 • 소득 양극화와 한국 경제구조 • 산업의 변화와 노동시장의 변화

경제·산업 이슈	⑦ 모빌리티 산업의 변화에 대해 설명하고, 앞으로 어떻게 변화할 것인지에 대해 자신의 생각을 논술하시오. ⑧ 기업의 입장에서 ESG경영의 문제와 이에 따른 사회적 역할에 대해 자신의 생각을 논술하시오. ⑨ 이제 지방소멸을 넘어 앞으로 지역소멸이 될 가능성이 크다고 한다. 이에 대한 자신의 생각과 지역소멸대응기금 마련 이외에 지역 경제를 살릴 방안을 논술하시오.	• 산업의 변화와 모빌리티 산업의 변화 • ESG경영 • 지역소멸
사회·문화의 변화	① MZ세대의 특징과 앞으로 MZ세대를 공략하기 위한 방안에 대해 자신의 생각을 논술하시오. ② 메타버스가 주목받으면서 문화의 중심으로 가고 있다. 이에 대한 사회적·문화적 의의와 앞으로 어떻게 바뀌어 갈 것인지에 대해 예상하여 논술하시오.	• 세대별 특징 • 메타버스와 문화의 변화
인문학	① 이민과 이주가 보편화된 세계화 시대에 한 국가의 국민 정체성을 수립하기 위한 정책 방향과 우리 공사의 역할에 대해 자신의 생각을 논술하시오. ② 본인이 생각하는 공정이란 무엇인지 서술하고, 공정한 사회로 나아가기 위한 방향에 대해 논술하시오.	• 문화의 다양성 • 정의의 가치
회사 관련	① 곡물 가격 상승과 이에 따른 곡물 수급에 대한 대처방안에 대해 자신의 생각을 논술하시오. ② 식량안보 문제가 대두되고 있다. 식량 수급을 안정시키기 위한 대응방안에 대해 논술하시오. ③ 전 세계적으로 육류 소비가 증가하면서 육가공품에 대한 공급 부족 현상이 일어나고 있다. 이에 따른 농가 지원방안과 수급의 불안정성을 완화시킬 수 있는 방안에 대해 논술하시오. ④ 글로벌 시장이 양극화되면서 개도국의 출구전략이 주목받고 있다. 가장 올바른 출구전략과 바람직한 방안에 대해 자신의 생각을 논술하시오. ⑤ 인천국제공항공사는 공항복합도시 개발을 위해 국제업무지역(IBC-I) 1단계, 제5활주로 지역(골프장) 등을 개발하여 운영하고 있으며, 현재 국제업무지역(IBC-I) 2단계, 국제업무지역(IBC-II) 및 IBC-III 지역을 핵심 사업으로 투자 유치를 추진하고 있다. 공항복합도시 개발을 발전시킬 수 있는 방안에 대해 논술하시오. ⑥ 환경문제와 공공기관의 역할에 대해 자신의 생각을 논술하시오.	• 곡물 가격 시장 • 식량안보 • 농가 지원방안 • 글로벌 양극화 • 회사 및 사업 분석 • 기후변화 위기와 공공기관의 역할

이 책이 다른 논술 책과 다른 점은 기출 문제를 중심으로 재편하는 것이 아니라 앞으로 일어날 사건과 내용을 바탕으로 논제를 예측하고 준비시켜 준다는 점이다. 향후 일어날 일을 예측하여 이론을 학습하고 답안을 쓰는 연습을 통해 앞으로 한 발 나아가길 바란다.

PART

2

공기업 논술, 쉽게 배워보기

Ⅰ 공기업 논술의 체계

논술시험에서 쓰는 글은 3단으로 구성하는 것이 좋다. '서론 - 본론 - 결론' 순서로 이루어지는 3단 구성이 가장 간단명료하면서도 안정적으로 논지를 전개할 수 있는 방법이다. 따라서 서론, 본론, 결론의 핵심적 의미와 작성요령을 파악하고 이에 따라 반복적으로 연습하는 것이 중요하다.

1 서론 구성 방법

1. 서론의 중요성

일반적으로 논술문은 자신의 견해를 논리적으로 펼치기 위해 서론, 본론, 결론의 3단 구성을 따른다. 그렇다고 해서 3단 구성에 얽매이기보다는 글을 어떻게 시작해서 어떻게 끝맺을 것인지 고민해야 한다. 특히, 서론에서 어떤 인상을 줄 것인지 고민해야 한다. 서두만 봐도 전체 글의 수준을 가늠할 수 있기 때문에 평가를 받기 위해 쓰는 논술에서는 특히 인상 깊은 서두가 중요하다.

2. 서론 쓰는 요령

1) 논제의 요구사항을 정확히 파악해야 한다.

공기업 논술은 논제의 모든 요구사항을 정확히 분석하여 파악해야 한다. 복합적인 논제가 출제되는 경우가 많기 때문에 하나의 문제를 다시 세부문제로 쪼개고 각각의 요구사항을 명확히 해야 서두를 자연스럽게 이끌 수 있다.

2) 채점자에게 글의 방향을 알려야 한다.

논술문은 질문에 답하는 글이면서 그 자체로 완결성을 지녀야 한다. 따라서 주어진 논제에 곧바로 답하기보다는 주제에 알맞은 도입부로 시작해야 한다. 서론 분량을 전체 글의 20% 내외로 잡고 일반적인 정의와 거시적인 내용으로 주의를 환기하는 것이 좋다. 또한, 자신이 전개할 논지를 채점자에게 명확하게 전달하는 것이 중요하기 때문에 암시적인 문장을 사용하는 것은 자제해야 한다.

3) 중계하는 문장을 함부로 쓰면 안 된다.

서론 부분에 '~에 대하여 알아보자.', '~에 대하여 논해 보겠다.', '~에 대하여 살펴보면 다음과 같다.' 등의 문구를 쓰는 경우가 많다. 이는 논점을 명확히 밝힌다는 측면에서는 바람직하나 정확하게 쓰지 않을 경우 오히려 글의 통일성을 해칠 수 있다. 실제로 논술문을 쓰는 과정에서 다수의 학생이 자신의 입장이나 견해를 한마디로 분명히 정리하지 못하는 경우가 많아 주의해야 한다. 예를 들어, '따라서 정보화 사회의 부작용을 막기 위하여 사회·문화적 측면의 배경을 살펴보고 그 문제점에 따른 해결책을 모색해야 한다.'에서 '사회·문화적 측면의 배경'이라는 문장은 본론에서 정보화 사회의 부작용에 대해 사회·문화적 관점으로 살펴본다는 것을 암시한다.

4) 첫 문장은 짧고 의미가 분명한 명제형 문장으로 써야 한다.

서두를 시작하는 방법은 다양하나 다음 문장과의 연결성을 고려했을 때 가장 좋은 방법은 명제형 문장으로 시작하는 것이다. 명제형 문장은 주로 25~30자로 구성되며 현재형 종결어미를 사용한다. 문장구조가 복잡하고 수식이 많을수록 뜻을 파악하기 어려워지므로 서론에는 짧고 의미가 분명한 명제형 문장을 쓰도록 한다.

5) 상투적인 문장을 삼가고 명료하고 쉽게 표현해야 한다.

누구나 아는 표현으로 글을 시작하는 것은 글 전체를 식상하게 만들 수 있다. 채점자를 고려하여 속담이나 격언, 관용적 표현보다는 간단하고 명료한 문장을 사용하는 것이 좋다. 어려운 내용이라도 부정확하거나 모호한 표현이 아닌 쉽게 풀어서 쓰는 것이 좋은 서론의 핵심이다.

3. 다양한 서론 쓰기의 예

1) 논제를 반복하면서 시작하는 방법

주어진 논제를 다시 한번 제시하면서 시작하는 것이 가장 일반적이다. 논제를 반복하는 방법은 주제를 직접적으로 드러낼 수 있다는 장점이 있다. 다음 논제를 예로 들어보자.

〈논 제〉

자유와 평등의 바람직한 관계에 대해 논술하시오.

서두

자유와 평등의 바람직한 관계는 자유와 평등의 이념이 개인과 사회와 논리적으로 연결되는 것이다.

---

2) 최근의 사건이나 상황으로 시작하는 방법

주로 시사적인 논제가 나왔을 때 유용한 방법이다. 구체적인 상황을 사례로 들면서 논제로 연결하면 일반적인 귀납추리 방식의 전개가 가능해진다.

〈논 제〉
미·중 무역전쟁에 대한 자신의 생각을 논술하시오.

서두
마이크 폼페이오 미 국무장관은 무역과 관련하여 "미국 회사들의 인도 시장 접근성 확대를 통해 무역 차이를 해결하기 위한 대화는 열려 있다."라고 시사했다.

3) 주요 개념을 규정하며 시작하는 방법

추상적인 논제의 경우 주로 정의로 시작한다. 사전적 정의뿐만 아니라 상식적으로 납득할 수 있는 한 주관적 정의도 쓸 수 있으며, 논제에 맞는 정의를 내리면서 논지를 시작하는 것이 좋다.

〈논 제〉
올바른 가치관 수립에 대해 자신의 생각을 논술하시오.

서두
가치관이란 세상을 살아가면서 사고나 판단, 행동의 기준으로 삼는 잣대이다. 따라서 사회 속에서 살아가는 사람들은 누구나 자기 나름의 가치관을 가지고 있다.

4. 서론 쓰기의 핵심

서두에서 다양한 방식을 통해 관심을 끌었다면 이어서 논제에서 요구한 사항을 분명히 밝혀야 한다. 논제 접근을 본론에서야 하는 실수를 하는 경우가 많은데, 논제에서 요구하는 사항은 반드시 서론을 통해 먼저 제시해야 한다. 또한, 논술문은 채점자를 독자로 하는 글이라는 것을 명심하고 흥미 유발에 치중한 식상한 서론을 쓰지 않도록 해야 한다.

2 본론 구성 방법

1. 본론의 중요성

본론은 논술문의 핵심으로서 논제에 대한 모든 답은 본론에서 이루어진다. 본론은 주장과 그것을 뒷받침하는 근거로 구성되며, 서론에서 제시한 중심 과제를 구체적으로 설명하고 자신의 의견이 타당하다는 것을 설득력 있게 증명하는 단계이다. 즉, 본론은 주장의 타당성을 입증하기 위한 논증 과정에 해당되는 셈이다. 따라서 자신의 주장과 논거 사이에 논리적 연관성이 있는지 살펴보고, 논제의 요구에 맞게 개요를 작성하여 본론을 구성해야 한다. 최근 공기업 논술은 논제에서 요구하는 바가 복합적으로 얽혀 있어 논제를 잘 파악하고 본론을 구성해야 한다. 좋은 본론은 논제에서 요구하는 조건을 충족하면서 단락과 단락 사이의 내용이 유기적으로 연결된다. 본론을 구성할 때 주장과 근거라는 두 축을 중심으로 논제 요구사항에 따라 전개 과정을 다양하게 발전시키면 좋은 본론이 될 수 있다.

2. 본론 쓰는 요령

1) 서론과의 연계성을 고려하여 논점에서 벗어나지 않도록 해야 한다.

본론은 서론에서 제시한 목표, 문제점, 범위 등에 따라 전개해야 한다. 따라서 서론을 쓸 때 이미 본론에 대한 구체적인 계획이 있어야 하며 본론을 쓸 때는 서론과의 연계성을 계속 살펴야 한다. 이를 위해서 논제에 대한 결론을 먼저 내리고 소주제를 구성한 후 본론을 작성한다. 글의 내용이 자연스럽게 이어지도록 개요를 작성할 때부터 논리 전개 과정을 명확히 해야 한다.

2) 단락을 적절히 나누어 전략적으로 구성해야 한다.

단락은 하나의 소주제로 이루어진 문장들의 덩어리를 말하며 일반적으로 화제 전환에 따라 단락을 나눈다. 본론의 하위 내용을 체계적으로 구분하고 소주제별로 한 단락씩, 총 두세 단락으로 구성하면 짜임새 있는 글을 만들 수 있다. 단락별로 이론과 배경, 문제점, 해결방안 등을 체계적으로 제시해야 하는데, 이론과 배경은 논제와 관련된 내용이어야 하며 구체적이지 않을 경우 생략하여 문제점과 해결방안을 서술할 분량을 확보해야 한다. 내용적으로 문제의 요구사항에 대해서 연결성을 갖추어 상세하게 답하는 것이 중요하다. 문제의 범위를 좁히고 세분화한다면 구체적이고 명료한 해결방안을 작성하는 데 도움이 된다.

형식적으로 하나의 단락은 '이론(설명) - 사례 - 일반화'가 일반적이지만 필요에 따라 유연하게 구성할 수 있다. 한 단락 안에 찬성 또는 반대 하나의 내용만을 서술하거나 찬반 내용 모두 서술할 수도 있다. 자신의 생각에 반대되는 입장을 먼저 제시한 후 자신의 견해를 서술한다면 논거를 확보하고 주장을 강조할 수 있는 전략적인 구성이 된다. 이때 접속표현이나 지시어를 적절하게 사용하여 단락 간의 연결이 매끄럽게 하는 것이 중요하다.

3) 같은 내용을 반복하지 않고 단순 나열식 표현을 피해야 한다.

논술을 할 때 많이 하는 실수는 같은 내용을 반복하는 것이다. 같은 내용을 반복하면 체계가 없어 보일 뿐만 아니라 분량을 채우기 위한 것으로 보일 수 있다. 단락별로 하고 싶은 말을 하나의 문장으로 정리하면 내용이 반복되는 것을 피할 수 있다. 또한, 알고 있는 내용을 단순 나열하여 서술하는 것은 설명문을 쓸 때 사용하는 방법이므로 논술문을 쓸 때는 알고 있는 사실 자체보다 자신의 생각 위주로 써야 한다. 생각을 쓸 때도 첫째, 둘째와 같이 나열식으로 표현하기보다는 주장과 근거가 유기적으로 연결되도록 표현해야 한다.

4) 추상적인 논제는 구체적인 용어로 풀어 써야 한다.

논제가 추상적이라고 해서 답안도 추상적이면 좋은 논술문이 될 수 없다. 추상적인 논제를 구체적인 용어로 풀어 쓰면 논지를 더욱 집중적으로 전개할 수 있다. 예를 들어, '다가오는 미래에 ○○은행이 취해야 할 모습에 대해 논하시오.'라는 논제가 있다고 하자. '다가오는 미래'라는 말은 추상적이고 포괄적이지만 이를 '4차 산업혁명 시대'로 한정한다면 주제가 명확한 논술문을 쓸 수 있다. 이때 자세히 풀어 쓰는 내용은 최초로 제시한 '4차 산업혁명 시대'라는 범위를 벗어나지 않도록 유의해야 한다.

5) 예시와 인용을 적절히 활용하고 함축적인 표현은 피해야 한다.

논술에서 예시와 인용은 주장에 힘을 실어주지만, 비유와 상징 같은 함축적인 표현은 오히려 해가 될 수 있다. 예시와 인용은 주장과 근거를 연결해 주고 주장의 설득력을 높이는 논거의 역할을 하는 요소로서, 예시와 인용을 적절히 활용하면 글을 풍부하게 만들 수 있다. 반대로 비유와 상징은 문학에서 중요한 요소이지만 논술에는 적절하지 않다. 오히려 근거 없이 함축적인 표현을 사용한다면 글의 객관성을 떨어뜨릴 수 있다.

3 결론 구성 방법

1. 결론의 중요성

서론이 논술의 시발점(始發點)이라면 결론은 논술의 종착점(終着點)이다. 결론은 서론과 본론에서 서술한 내용을 함축적이면서 안정적으로 정리해 주는 역할을 한다. 서론이 훌륭하더라도 결론이 빈약하면 용두사미(龍頭蛇尾)가 될 수 있으므로 강한 인상을 남길 수 있는 결론을 작성하는 것이 중요하다.

2. 결론 쓰는 요령

1) 본론을 재구성하여 간단명료하게 요약해야 한다.

결론에서는 글을 마무리하기 위해 본론에서 주장한 내용을 한눈에 볼 수 있도록 재구성해야 한다. 본론에서 논의한 내용 중 가장 중요하게 다루었던 내용을 중심으로 간단명료하게 요약하면 좋은 결론이 될 수 있다.

2) 새로운 내용을 추가하지 않아야 한다.

본론에서 다루지 않은 내용을 결론에 새롭게 추가해서는 안 된다. 결론에서는 구체적인 서술을 하기보다 서론과 본론에서 작성한 내용을 자연스럽게 마무리할 수 있도록 앞서 언급된 내용과 일관성 있는 내용으로 구성해야 한다.

Ⅱ 공기업 논술의 개요 작성

논술의 과정은 다음과 같이 5단계로 나뉘지만 문제 분석과 주제문 작성은 크게 보면 개요를 작성하기 위한 부속 과정이기 때문에 '개요 작성 - 집필 - 퇴고'의 3단계로 볼 수 있다.

논술의 과정

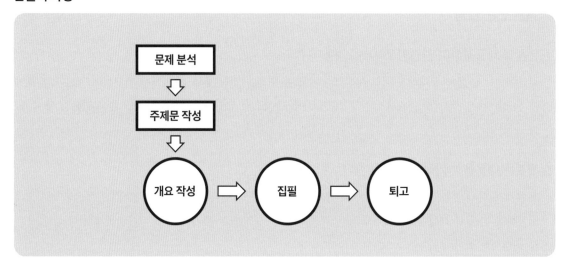

논술문에서 개요를 회화에 비유하면 스케치와 같다. 개요 없이 논술문을 작성하는 것은 밑그림을 그리지 않고 색칠하는 것과 같다. 그런데도 많은 수험생이 개요 작성을 번거로워하며 개요 없이 논술문을 작성하는데, 개요 없는 논술문은 좋은 점수를 얻기 힘들다. 개요가 구체적일수록 좋지만 그렇다고 해서 논술시험에 주어진 모든 시간을 개요 작성에 할애할 수는 없다. 따라서, 연습형 개요와 실전형 개요를 나누어 연습하여 실전에서 개요 작성에 드는 시간을 줄일 수 있도록 한다. 연습형 개요는 작성 시간이 논술 작성 시간보다 많이 필요할 정도로 오랜 시간이 소요된다. 그런데도 연습형 개요 작성 연습을 해야 하는 이유는 연습형 개요를 작성하면서 논리적인 생각을 할 수 있기 때문이다. 연습형 개요 작성 연습이 충분히 된 상태여야 논술시험을 볼 때 실전형 개요를 빠르게 작성할 수 있다.

1 개요 작성의 필요성과 순서

1. 개요 작성의 필요성

개요 작성은 논술문 작성에서 가장 중요하다. 개요는 글의 전체적인 흐름과 논리전개 과정을 정리할 수 있게 해주며, 글이 주제에서 벗어나는 것과 중요한 내용이 빠지는 것을 막아준다. 또한, 불필요하게 중복되는 사항을 막아주고 글 전체와 부분, 부분과 부분 간의 상호 균형을 유지할 수 있게 해준다.

2. 개요 작성 순서

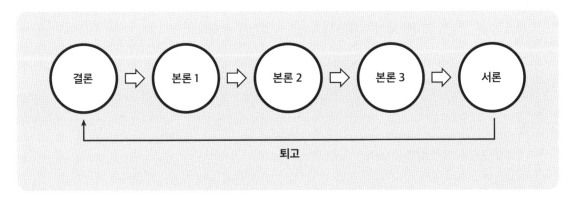

결론부터 개요를 작성하면 자신의 생각을 구체적으로 정리할 수 있다. 시작한 글을 일관성 있게 마무리할 수 있도록 결론의 답을 먼저 생각한 후 본론 개요를 작성하는 것이 좋다. 서론부터 개요를 작성하면 자신이 주장할 내용을 본론에서 놓치는 경우도 있어 본론에 어떤 내용을 쓸지 미리 생각하고 서론으로 넘어가야 한다.

2 개요 작성 방법

1. 개요 작성 시 단락별 필수 요소

1) 서론

① 다루고자 하는 문제에 대해 독자의 주의를 환기시킨다.

② 과제를 분명하게 제시한다.

③ 다루고자 하는 문제의 범위나 성격, 문제를 다루는 방법이나 글쓴이의 입장과 관점, 그밖에 필요한 예비적 사항들도 포함한다.

④ 반드시 주제를 포함한다. 서론에서는 주제가 가장 중요한 요소이므로 맨 위에 쓰는 것이 좋지만 실제로 글을 쓸 때는 앞뒤 문맥에 맞게 주제의 위치를 다시 결정할 수 있다.

①~③이 서론에 반드시 포함될 필요는 없다. 짧은 글에서는 주제 외의 모든 요소가 생략될 수 있고, 긴 글에서는 모든 요소가 다 포함될 수 있다.

2) 본론

① 작성할 내용을 여러 갈래로 나누어서 부분별로 다룬다.

② 부분별로 문제를 제시하면서 논제 풀이, 분석, 예시, 인용, 입증 등의 방법을 활용하여 전개한다.

③ 부분별로 결론짓고 내용을 정리하면서 서술한다.

④ 본론의 종속 주제 수는 많을 수도 있고 적을 수도 있다. 또한, 각 종속 주제의 예시와 증거의 수도 다양할 수 있다.

3) 결론

① 본론에서 논의를 통해 드러낸 내용을 간추려 상기시키면서 종합하여 결론을 제시한다.

② 본론에서 언급하지 않은 새로운 주제가 나와서는 안 된다.

③ 그밖에 본론에서 미처 다루지 못한 점이나 앞으로 그 주제가 어떻게 다루어졌으면 좋겠다는 희망 등을 마무리에 덧붙이기도 한다.

④ 주제의 반복이 가장 중요하며 주제를 반복할 때는 서론의 주제와 동일하게 표현할 수도 있지만, 뜻이 달라지지 않게 하면서 표현만 바꾸어 쓸 수도 있다. 반복 위치는 앞뒤 문맥에 맞게 유동적으로 배치할 수 있다.

제한된 상황에서 많은 시간을 허비할 수는 없으므로 개요를 쓸 때는 '결론'이라는 단어만 쓰면 된다. 개요 작성만을 요구하는 문제가 나왔을 때는 결론도 자세히 써야 한다.

2. 개요 작성 요령

1) 떠오르는 생각을 구체적으로 작성한다.

논술 문제를 파악한 후 출제 의도와 요구사항에 유의하면서 가능한 한 구체적이고 자세하게 개요를 작성한다. 문제지의 여백이나 백지에 논제와 관련해서 떠오르는 생각이나 주장, 논거 등을 자유롭게 서술하고 어떤 예시를 제시할지도 생각해서 메모한다. 되도록 완결된 문장의 형태로 자세하게 서술하는 것이 좋다. 개요는 남에게 보여주기 위한 것이 아니기 때문에 깔끔하게 쓸 필요는 없으며 자신만 알아볼 수 있으면 된다.

2) 연관된 내용은 묶어서 문단을 구성한다.

서로 연관된 내용이나 중복된 내용을 묶거나 삭제하여 본론을 몇 문단으로 구성할지를 결정한다. 문단을 배치할 때는 가장 중요한 내용이나 논거를 포함한 문단을 본론의 첫 번째로 삼는 것이 좋다.

3) 서론은 거의 완성된 형태로 작성한다.

서론을 잘못 쓰면 글이 엉뚱한 방향으로 흐를 수 있기 때문에 개요를 작성할 때는 서론을 거의 완성된 형태로 작성하는 것이 좋다. 나중에 약간만 수정하면서 답안지에 옮기면 시간을 효율적으로 사용할 수 있다.

4) 각 문단의 분량을 답안지에 연필로 표시한다.

개요를 작성한 다음 답안지에 문단별로 쓸 분량을 연필로 표시한다. 공기업 논술 답안지는 대부분 줄 노트 양식인데, 이 경우 줄 수로 표시하는 것이 좋다. 예를 들어 1,000자 분량이라면 서론은 3~4줄, 본론의 각 문단은 7~10줄, 결론은 4줄 정도로 배분하고 답안지에 연필로 표시한다. 이렇게 하면 정해진 분량을 문단별로 균형 있게 배분할 수 있다.

5) 수정하면서 답안지에 옮기는 작업을 진행한다.

개요를 작성하면서 서론을 거의 완성하고 본론의 문단 수와 배치를 결정한다. 그 후 개요 내용을 답안지에 옮기면서 필요한 내용은 첨가하고 불필요한 내용은 삭제하여 논술문을 완성한다. 개요를 자세히 작성하면 글을 옮기는 데 많은 시간이 걸리지 않아서 한정된 시험 시간을 효율적으로 사용할 수 있다. 개요를 작성하지 않고 답안을 쓰면 글의 방향을 고민하다가 오히려 시간을 낭비할 수 있다.

3 개요 작성 시 유의사항

1. 문제의 정확한 분석에서 비롯해야 한다.

개요를 작성하는 과정에는 문제를 분석하고 주제문을 작성하는 일이 우선적으로 포함되어 있다. 따라서 주어진 문제를 정확하게 파악하지 못한 상태에서 개요를 짜는 것은 동문서답하는 것과 같다. 시험 시간이 대략 60분이라면, 문제 파악에서 개요 작성까지 10분 남짓 할애하도록 한다. 문제 파악이 어렵다면 그 이상의 시간을 할애해도 괜찮다. 문제를 파악하기 위해 깊이 있게 사고하는 것은 훌륭한 논술의 선결조건이기 때문이다.

2. 결론을 도출한 후에 글로 작성해야 한다.

개요는 답안지에 답을 쓰기 전에 머릿속에 미리 써 놓은 글인 셈이다. 따라서 어떠한 결론에 이를 것인가를 도출한 다음에 개요를 작성해야 한다. 좋은 개요가 좋은 논술문을 만드는 만큼 개요는 논술문을 작성할 때 가장 중요하다.

3. 논제의 요구 조건을 수용하는 방법을 선택해야 한다.

개요를 쉽게 작성하기 위해서 논제가 요구하는 조건을 토대로 주요 골격을 잡는 방법을 사용할 수 있다. 개요의 골격은 곧 소주제문이 되므로 말을 길게 늘이거나 문학적인 표현을 사용하기보다는 간단명료하게 표현하여 논제의 요구 조건에 부합하도록 작성해야 한다.

4. 자세히 작성해야 한다.

개요는 글의 시작과 중간, 끝에 위치할 내용뿐만 아니라 주장을 뒷받침하는 근거도 함께 제시해야 하며 최대한 자세히 작성해야 한다. 개요를 작성하지 않을 경우 분량에 맞게 쓰지 못하거나 논제에서 벗어난 답안을 작성할 수도 있다.

5. 다른 사람의 글을 요약하는 훈련을 해야 한다.

개요 작성이 어려운 수험생은 신문 사설 또는 다른 사람이 작성한 모범답안을 놓고 단락의 핵심을 요약해보자. 요약된 내용이야말로 하나의 잘 짜여진 개요이다. 이러한 훈련은 개요 작성뿐만 아니라 논제를 파악하고 논지를 전개하는 감각을 터득하는 데도 효과적이다. 신문 사설을 요약할 때는 주관적인 문장을 객관적인 문장으로 바꾸는 연습을 하면 논술에 효과적이다.

사설

계량화된 점수에 의존하는 선발방식은 잠재력과 발전 가능성이 있는 인재를 선발하기 어렵다. 이는 기업의 경쟁력 강화를 더디게 하는 요인이며 일부 기업이 도입한 심층면접은 한 줄 세우기 채용을 바꿀 수 있는 바람직한 모델이다. 면접 배점을 높여 서류 점수가 낮더라도 어느 한 분야에 탁월한 재능을 가진 인재를 뽑는 심층면접은 점수 위주의 선발에서 벗어나 인성·창의력·리더십 등 잠재력 있는 인재를 선발할 수 있게 해 준다. 기존의 채용문화를 흔드는 파격이 아닐 수 없다.

요약

기업의 경쟁력 강화를 위해 인성·창의력·리더십 등 잠재력 있는 인재를 선발하려는 기업의 심층면접 위주의 채용 방법은 바람직한 채용모델이다.

---

4 연습형 개요 작성 방법

1. 연습형 개요의 필요성과 작성 방법

연습형 개요는 실전에서 쓰지 못하지만 열심히 연습하면 실전형 개요 작성 실력을 기르는 데 효과적이다. 연습형 개요는 머릿속으로 정리하기 어려운 줄거리를 보다 쉽게 작성할 수 있도록 해 준다. 연습형 개요를 처음 작성할 경우 3~4시간이 걸릴 정도로 시간이 많이 들지만, 꾸준히 연습하면 논술을 하는 데 많은 도움이 된다. 연습형 개요 작성 방법은 다음과 같다.

연습형 개요 작성 방법

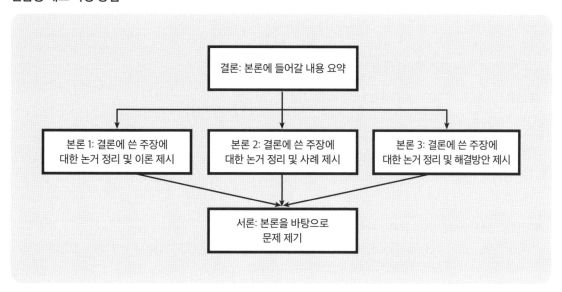

연습형 개요를 작성할 때 유의할 점은 서술형 문장으로 작성하는 것이다. 보통 서술형 문장으로 작성하는 것을 어려워하기 때문에 개요 작성을 통해 서술형 문장을 쓰는 연습을 해야 한다. 또한, 자신의 글에서 핵심적인 단어를 찾는 연습을 해야 한다. 논술을 하다 보면 자신의 논리가 무엇인지 모른 채 글을 장황하게 쓰는 경우가 있다. 이를 막기 위해 자기가 쓴 글에서 핵심 단어가 무엇인지 찾는 연습을 해야 한다.

합격 꿀 Tip

① 반드시 서술형으로 작성한다.
② 연습형 개요를 충분히 작성한 후 다음 단계로 넘어간다.
③ 자신의 논술에서 가장 핵심적인 단어를 찾아본다.
④ 여운을 남기거나 의문을 불러일으키는 문장을 쓰지 않는다.

---

2. 연습형 개요 작성 사례

KDB산업은행 기출

〈논 제〉
4차 산업혁명에 따른 금융권의 대응은 무엇인지에 대해 논술하시오.

연습형 개요

■ **결론: 자신이 주장할 것을 정리**

1. 4차 산업혁명에서 금융권의 '디지털 전환'이 필요하다.
2. 현재 금융은 기존의 예대마진 구조를 가질 수 없다.
3. '디지털 전환'을 하기 위해서 간단한 결제 방식과 통합 앱 등 소비자 위주의 금융으로 전환해야 한다.
4. 소비자 위주의 상품을 마련하기 위해 금융이 아닌 다른 상품과의 연계가 필요하다.
5. 블록체인에 대한 이해와 그에 따른 기술 혁신이 필요하다.
6. 예대마진의 구조를 벗어난 금융 혁신이 필요하다.

■ **본론 1: 기본 정보(자신이 주장하는 것의 배경을 서술)**

1. 현재 금융 산업이 어려운 이유는 저성장이 뉴 노멀이 된 디플레이션 시대로 접어들었기 때문이다.
2. 그것을 증명하는 것은 미국을 제외한 전 세계가 저금리 기조로 가고 있다는 것이다. 그러므로 지금의 금융처럼 예금과 대출을 통한 예대마진의 시대는 저물어가고 있다고 생각할 수 있다.
3. 4차 산업혁명 기술이 보편화되면서 금융 혁신이 이루어지고 있다. 전통 금융에 대한 도전이 일어나고 있는 것이다.

■ **본론 2: 현용 정보(현재의 상황과 사례, 문제점을 서술)**

1. 블록체인 기술이 보편화되면서 금융의 투명성과 보안에 대한 요구가 커지고 있다. 카카오뱅크, 삼성페이, 애플페이 등이 대두되면서 현재 금융 산업을 위협하고 있다.

2. 현재 20~30대에게 자산의 가치는 매우 낮다. 즉 지금의 금융은 자산을 불려주는 것이 아니라 자산을 지켜주거나 자산을 통해 '가치소비'를 할 수 있게 만들어주는 수단이 되었다.

3. 아직까지 한국의 금융 상품은 자산 투자 목적으로 만들어져 있다. 또한, 다른 회사와의 협업이 아닌 독자적인 개발을 통해 고객을 유치한다는 한계가 있다.

■ 본론 3: 판단 정보(해결방안을 제시하고 미래의 방향성을 제언)

1. 다른 산업과의 연계를 통해 '가치소비'를 끌어낼 수 있는 상품이 필요하다.

2. 소비 위주의 상품을 통해 고객을 유치해야 한다.

3. 간편한 결제 시스템과 P2P 구조의 금융을 만들어야 한다.

■ 서론: 본론에 들어갈 내용과 관점 제시

4차 산업혁명과 블록체인 기술은 우리에게 익숙한 용어가 되었다. 그러나 현재 금융 시스템은 2차 산업혁명 시기의 은행 시스템에서 벗어나지 못하고 있다. 예대마진을 통한 금융 산업 이익구조는 4차 산업혁명 시기의 소비자들에게 매력을 어필하지 못한다. 애플페이와 카카오뱅크는 수수료와 연회비를 없애 기존의 이익구조를 벗어나 다른 이익을 창출하고 있다. 앞으로 금융은 기존의 이익구조를 벗어나 다른 이익을 창출해야 하는 과제를 안고 있다. 지금 금융은 '디지털 전환'이라는 과제를 통해 변화를 꾀하려고 한다. 하지만 단순히 '디지털 전환'을 하는 것이 아니라 상품의 변화를 통해 수익을 다변화해야 한다.

5 실전형 개요 작성 방법

1. 실전형 개요의 필요성과 작성 방법

실전형 개요를 작성하는 것은 논술을 준비하는 수험생에게 가장 중요하다. 실전형 개요는 그림으로 도식화하기 때문에 줄거리를 만들지 못하더라도 퇴고하며 쓸 수 있다는 것이 장점이다. 도식화된 실전형 개요를 작성할 때 가장 필요한 것은 핵심 단어를 작성하는 것이다. 핵심 단어를 알기 위해서는 실전형 개요 작성과 연습형 개요 작성 연습을 병행해야 한다.

실전형 개요 작성 방법

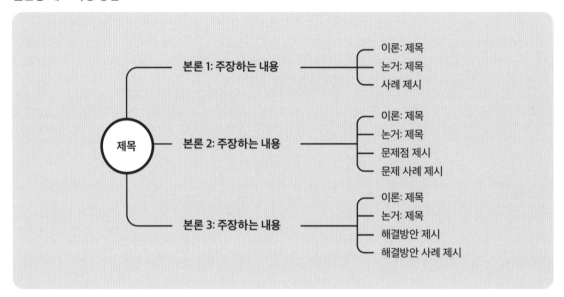

위와 같이 실전형 개요를 작성할 때는 명사형 제목을 붙인다. 본론 1~3의 개요는 순서에 상관없이 작성해도 무방하다. 실전형 개요를 작성해두면 작성한 논술문을 수정할 때 개요와 논술문의 줄거리가 일치하지 않는 경우 수정이 간편하다. 연습형 개요와 실전형 개요를 작성하는 연습을 반복하면 좋은 논술문을 쓸 수 있다.

> **합격 꿀 Tip**
> ① 명사형으로 작성한다.
> ② 본론 1~3은 순서에 상관없이 작성한다.
> ③ 이론이 없을 때는 작성하지 않아도 된다.
> ④ 전체적으로 구성한 후 세부적으로 한 번 더 구성한다.
> ⑤ 논제에서 벗어나지 않는다.

2. 실전형 개요 작성 사례

KDB산업은행 **기출**

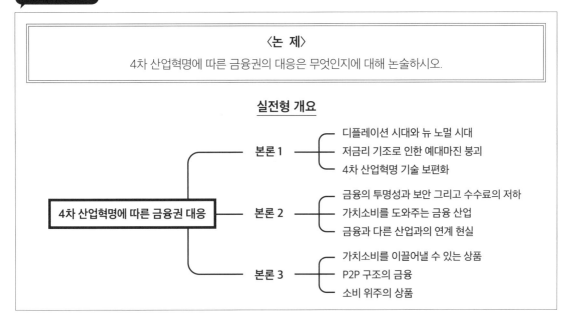

〈논 제〉
4차 산업혁명에 따른 금융권의 대응은 무엇인지에 대해 논술하시오.

실전형 개요

4차 산업혁명에 따른 금융권 대응

본론 1
- 디플레이션 시대와 뉴 노멀 시대
- 저금리 기조로 인한 예대마진 붕괴
- 4차 산업혁명 기술 보편화

본론 2
- 금융의 투명성과 보안 그리고 수수료의 저하
- 가치소비를 도와주는 금융 산업
- 금융과 다른 산업과의 연계 현실

본론 3
- 가치소비를 이끌어낼 수 있는 상품
- P2P 구조의 금융
- 소비 위주의 상품

PART

공기업 논술, 쉽게 써보기

Ⅰ 금융·경제

Ⅱ 사회 이슈

Ⅲ 회사 관련

I 금융·경제

1 환율

신용보증기금, IBK기업은행, KDB산업은행, 한국거래소, 예금보험공사, 한국무역보험공사, 농협중앙회 출제 예상

STEP 1 논제 공략하기

〈논 제〉

환율이 급등하면서 원화의 가치가 떨어지고 있다. 이에 대한 앞으로의 한국 금융정책의 방향과 대처방안에 대해 논술하시오.

본 논제는 현재 환율이 급등하는 원인에 대한 정확한 파악이 필요하다. 현재 미국이 금리를 인상시키는 가장 큰 이유는 자국 내 인플레이션을 방지하기 위함이다. 2022년 자이언트 스텝이라고 해서 기준금리를 0.75%p씩 올리면서 물가 안정을 유도하였다. 이렇게 금리를 올린 이유는 코로나19 상황에서 전 세계가 위험에 빠지면서 모두 양적완화를 실시한 데 있다. 그러나 양적완화 조치에도 불구하고 경제는 회복되지 않았다. 통화량은 늘어나지 않았고, 유동성의 함정에 빠졌다. 2021년 하반기부터 코로나19가 완화됨에 따라 폭발적으로 소비가 늘어나고 물가가 상승하게 된 것이다. 여기에 우크라이나-러시아 전쟁이 일어남에 따라 원자재 가격이 폭등하여 또 다른 물가 상승의 원인이 되었다. 이를 방어하기 위해 미국은 금리를 인상시켰고, 이에 따라 전 세계 글로벌 금융시장의 금리도 올랐다.

이러한 현상에 대해 정확히 이해한 내용을 먼저 작성해야 한다. 그리고 이 뒤에 한국의 상황을 파악한 내용이 들어가야 한다.

미국이 금리를 올림과 동시에 외환이 빠져나가는 것을 방어하기 위해 한국 역시 빅스텝을 실시하였다. 그리고 이를 방어하기 위해 금리는 계속 오르게 될 것이다. 다만 금리가 오르면서 한국에 산적해 있는 문제가 연이어 일어날 가능성이 있다. 예를 들어 가장 눈에 띄는 문제로는 가계부채가 있다. 이에 대한 해결방안으로 가계부채 구제방안을 제시할 수 있을 것이다. 대부분 가계부채의 문제만 이야기하나 한 걸음 더 나아가 한국 산업의 문제도 이야기할 수 있어야 한다. 외환이 빠져나가면 환율이 상승하는데, 환율이 과도하게 올라가면 한국과 기업의 신용도가 낮아질 가능성이 존재한다. 한국의 신용도와 기업의 신용도가 낮아지면 채권환수의 압박이 발생하여 산업의 침체로 이어질 수 있다.

이렇듯 한국의 상황과 문제점을 정확하게 이해할 뿐만 아니라 아직 일어나지 않은 문제점까지 파악해야 좋은 점수를 받을 수 있다.

이에 대한 해결방안으로는 가계부채를 구제하기 위해 정부나 지자체 차원에서 부채를 채권화하여 부채 상환을 미뤄 주거나 고정금리로 전환하는 지원이 필요하다는 내용이 나와야 한다. 또한 기업의 신용도가 낮아지지 않도록 공공기관이 보증을 하여 산업의 변화를 꾀해야 한다는 내용을 제시한다면 높은 점수를 받을 수 있다.

배경지식 강의 바로 가기 ▶

영기업논술, 실제 써보기

해커스 공기업 논술

> **〈논 제〉**
>
> 환율이 급등하면서 원화의 가치가 떨어지고 있다. 이에 대한 앞으로의 한국 금융정책의 방향과 대처
> 방안에 대해 논술하시오.

❶ 개요

서론	코로나19와 우크라이나 – 러시아 전쟁으로 인한 유동성 위기

본론	• 유동성 위기로 인한 미국의 대응
	• 대한민국의 대응 및 문제상황
	  - 가계부채의 부실화
	  - 기업 신용도 하락 위험
	• 대한민국의 문제상황에 대한 해결책
	  - 가계의 재정건전화 유도
	  - 기업의 가치향상 기회 제공

결론	환율불안으로 인한 문제의 특징 및 거시적 차원의 숙고 촉구

❷ 모범답안

2019년 말 코로나19라는 감염병의 발생으로 인해 전 세계 경제는 그야말로 혼돈과 공포의 소용돌이에 빠져들었다. 감염자와 희생자가 속수무책으로 늘어났고, 국경과 도시가 폐쇄되어 생산과 소비가 멈추는 암흑의 시간이 지속된 것이다. 그러나 인류는 언제나 그래왔듯 백신과 치료제라는 해결책을 만들어냈고, 성숙한 시민의식과 더불어 다양한 정책들이 펼쳐지면서 코로나19는 점차 '풀 수 있는 문제'가 되어가고 있다. 하지만 경제적 측면에서의 후폭풍은 훨씬 더 많은 시간과 비용을 요구하고 있다. 왜냐하면 전 세계가 위험에 빠지면서 실시했던 양적완화는 유례없는 바이러스 공포에 의해 즉각적으로 시장에 반영되지 않았고, 통화량이 늘어나지 않은 채 유동성 함정에 빠졌기 때문이다. 여기에 우크라이나 – 러시아 전쟁의 발발로 인해 원자재 가격이 폭등하면서 물가 상승이 심화되었다.

이에 미국은 자국 내 인플레이션을 방지하기 위해 단시간 내에 매우 큰 폭으로 금리를 올리고 있다. 빅스텝을 넘어 자이언트 스텝을 밟으며 물가 안정을 유도하고 있고, 이는 글로벌 금융시장 금리 인상으로 이어지고 있다. 따라서 글로벌 금융시장의 영향을 크게 받을 수밖에 없는 대한민국 역시 기준금리 인상이라는 경제정책을 펴고 있는 상황이다.

그러나 기축통화국인 미국과의 금리 격차를 줄이기 위한 기준금리 인상은 먼저 가계부채 부실 문제로 이어질 수 있다는 점에서 부작용이 우려된다. 대한민국 가구의 소득 대비 가계부채 비율은 2008년 138.5%에서 2021년 206.5%로 10여 년간 꾸준히 높아졌고, OECD 주요 국가 중 소득 대비 가계부채 비율도 높은 편이다. 또한 대한민국 신용도 하락의 문제도 발생할 수 있다. 기축통화의 금리가 높아지면서 외환이 빠져나가면 환율이 상승하게 되고, 이는 대한민국 기업의 신용도 하락으로 이어져 채권환수 등의 압박과 투자매력도 하락이 발생할 수밖에 없기 때문이다.

따라서 가계부채 부실을 막기 위해 정부와 지자체에서 부채를 채권화하여 부채 상환기간을 연장해 주거나 고정금리로 전환해 주는 방식의 정책적 지원이 필요하다. 특히 소상공인이나 취약계층에 대해 과감한 빚 탕감 및 회생 지원을 통해 장기적 관점에서 재정건전화와 재기의 기회를 제공해야 한다. 다만 다각도의 검증시스템으로 도덕적 해이의 방지가 전제되어야 한다. 또한, 각 기업에 대해서도 다양한 기술보증 및 적극적인 금융 지원을 통해 신사업 및 신기술 개발에 박차를 가할 수 있도록 도움으로써 기업의 가치가 향상될 수 있는 기회를 제공해야 한다.

환율은 글로벌 시대를 사는 모든 국가가 항상 대응해야 하는 변수일 수밖에 없다. 또한 급격한 환율 변화는 가계나 기업 차원에서는 대응할 수 없는 문제이기에 정부와 지자체는 이에 대해 시의적절한 분석 및 적절한 해결방안 도출에 고심해야 한다.

합격 꿀 Tip

'환율'은 '두 나라 사이의 화폐 교환 비율'이기 때문에 글로벌 시장경제 체제하에서는 늘 출제 가능성이 높은 이슈입니다. 즉 대외환경이 안정적이건 불안정적이건 환율문제는 항상 대응해야 하는 영역인 것이지요. 따라서 대외환경이 안정된 시기에는 '경쟁력 있는 미래를 위한 대응'을, 불안한 시기에는 '현재 상황을 해결하기 위한 대응'을 제안해야 할 것입니다. 또한 환율은 가계나 기업 수준에서 통제할 수 없는 요인이므로 거시적인 해결책을 제시해 주세요.

2 채권시장의 흐름

신용보증기금, IBK기업은행, KDB산업은행, 기술보증기금, 한국수출입은행, 예금보험공사, 한국무역보험공사 출제 예상

STEP 1 논제 공략하기

> 〈논 제〉
>
> 한국의 채권시장이 불안하다. 채권시장 불안의 원인과 이를 바라보는 자신의 입장에 대해 논술하시오.

채권에 대한 논제는 화폐 경제로부터 출발하는 것이 좋다. 대부분 이 논제에 접근할 때 '레고랜드 사태'에서 '흥국생명 사태'로까지 이어지는 현상만을 쓸 가능성이 높다. 하지만 그렇게 접근해서는 출구전략을 만들어낼 수 없다. 이런 논제에서 자신의 생각을 논술하라는 것은 정답이 아니더라도 해결방안까지 모색해 보라는 이야기이기 때문이다. 즉, 채권에 대한 논술을 쓰기 위해서는 가장 먼저 화폐에 대한 본질적 논의를 기술해야 한다.

화폐 경제를 이야기하려면 먼저 금본위제가 폐지된 시점인 1971년 닉슨쇼크로부터 출발해야 한다. 그 전까지 화폐의 상거래는 금본위제였다. 그리고 달러($)가 기축통화가 된 시점은 1944년 브레턴우즈 체제가 논의된 뒤였다. 물론 이때도 금본위제는 폐지되지 않은 태환화폐로서의 기능을 가진 화폐제도였다. 이때까지만 하더라도 화폐는 교환의 기능이 우선되었고, 기축통화에 투자하는 것은 금을 교환하기 위한 수단이었다. 즉, 금본위제에서는 달러보다 금을 신용하는 것이 중요했다.

그 뒤 1960년대 말부터 베트남 전쟁 등으로 미국의 경제력이 약화되면서 외국으로부터 달러 교환 요구가 늘어났다. 이에 따라 부족해진 금 보유고로 인해 당시 대통령이었던 리처드 닉슨(Richard Milhous Nixon)이 1971년 금본위제를 폐지하면서 세계 경제가 충격을 받게 되었다. 이때부터 세계 경제에서 화폐가 차지하는 위상과 개념이 달라지기 시작한 것이다. 그 전까지 화폐 자체는 가치 있는 것이 아니었다. 화폐는 늘 가치 있는 것에 값을 매기는 수단으로 사용되었다. 닉슨쇼크 이후 화폐는 가치 있는 것을 찾기 시작했다. 여기에서 중요한 개념이 등장하는데, 바로 '신용'이다. 미국 등의 선진국은 글로벌 경제가 좋지 않은 상황에서도 결코 망하지 않는다는 믿음이 '신용'으로 바뀌고 선진국의 화폐는 그 자체로 가치를 부여받게 되었다. 다시 말해 현대 화폐는 '신용'이라는 기반 아래 통용되고 있는 것이다.

위와 같은 내용을 토대로 하여 본 논제에서는 화폐의 본질에 대해 먼저 작성해 주는 것이 좋다. 현재의 문제점을 논의한 뒤 출구전략에서 화폐에 대한 본질적 접근을 해야 좋은 글이 된다. 그 뒤 현상을 설명하는 것이 필요하다. 즉 한국의 채권시장이 불안한 이유에 대해 설명해 주어야 하는데, 이는 레고랜드 사태로부터 출발해야 한다.

1. 레고랜드 사태에 대한 개요

레고랜드는 디즈니랜드, 유니버셜 스튜디오와 함께 세계 3대 테마파크 중 하나로 영국의 멀린 엔터테인먼트가 운영하는 테마파크이다. 강원도는 멀린 엔터테인먼트와 2011년 투자합의각서를 체결하고 레고랜드를 설립하기로 결정하였다. 레고랜드는 한국에 생긴 최초의 글로벌 테마파크인 만큼 사람들의 기대가 컸다. 레고랜드는 춘천 중도에 위치하게 되었는데, 강원도는 조성 사업을 위해 강원중도개발공사(GJC)를 설립하고 착공에 나섰다. 하지만 2014년 한국 최대의 청동기 유적이 발견되었고, 2015년 고구려 때 만든 무덤을 발견하면서 유적 9,000점이 출토되었다. 이로 인해 2018년까지 공사가 중단되었으나 개발 공사 비용은 계속 나가고 있는 상황이었다. 이를 지켜보던 멀린 엔터테인먼트가 직접 공사에 참여하였다. 그 뒤 강원도와 멀린 엔터테인먼트 간 총괄개발협약을 하면서 중도의 공사 부지와 유적지를 나누고, 유적지에 박물관을 세운다는 협약을 하면서 2019년 공사를 재개하였다.

하지만 공사비용이 턱없이 부족했다. 강원중도개발공사는 늘어난 공사비용을 충당하기 위해 특수목적법인(SPC)인 아이원제일차를 설립해 2,050억 원의 채권을 발행하였다. 채권은 자산유동화기업어음(ABCP)을 발행하였다. 즉, 레고랜드가 앞으로 벌어들일 수익을 담보로 투자를 받기 위해 발행한 채권이었다. 하지만 투자자들은 이런 불확실한 것에 투자하지 않았고, 공사는 난항을 겪을 위기에 놓여 있었다. 이때 강원도가 ABCP에 지급보증을 서면서 공사가 재개되었고, 2022년 5월 어린이날에 맞춰 레고랜드를 개장하게 되었다.

하지만 문제가 생겼다. 강원도가 지급보증을 선 ABCP가 2022년 9월 29일에 만기가 도래하는 것이었다. 대부분의 투자자는 당연히 강원도가 그 돈을 갚아 주거나 다른 ABCP를 발행하여 강원도가 다시 지급보증을 서 줄 것이라고 여겼다. 하지만 2022년 9월 강원중도개발공사에 대해 법원이 회생신청을 결정하면서 강원도는 더 이상 지급보증을 하지 않겠다고 발표하였다. 강원중도개발공사는 만기일이 도래하면서 1차 부도가 났고, 2022년 10월 4일 최종 부도 처리되었다.

2. 레고랜드 사태로부터 발생한 채권시장의 경색

레고랜드 사태는 채권시장에 큰 영향을 미쳤다. 너무나 당연하게 생각했던 지자체 혹은 정부의 지급보증을 믿을 수 없게 된 것이다. 지자체의 신용도는 AAA등급으로, 대부분의 투자자는 지자체는 망하지 않을 것이라는 믿음으로 채권에 투자한다. 하지만 레고랜드 사태가 일어나면서 이에 대한 신용도가 하락하였다. 이로 인해 한국전력공사, 한국도로공사 등이 발행하는 회사채도 발행에 실패하고, AAA등급인 공공기관마저 회사채 발행에 실패하자 민간기업의 회사채는 당연하게도 투자자들이 꺼리는 채권이 되어 버렸다.

채권시장이 불안해지면 기업은 자금 확보가 어려워지고, 생산성이 줄어들면서 경기가 침체될 수밖에 없다.

그래서 정부는 단기자금시장 불안 완화책으로 '긴급 거시경제 금융회의'에서 50조 원 + α 지원안을 발표하였다. 그 내용은 채권시장안정펀드 20조 원, 회사채·기업어음(CP) 매입 프로그램 16조 원, 유동성 부족 증권사 지원 3조 원, 주택도시보증공사·한국주택금융공사 사업자 보증지원 10조 원을 지원하는 것이었다.

이러한 정부의 유동성 공급 대책 발표에도 불구하고 채권시장의 상황은 좋지 않았다. 유찰되었던 한국전력공사는 4,000억 원 채권 모집에 2,000억 원만 낙찰되었고, 인천국제공항공사는 1,200억 원 채권모집에 일부 유찰되었으며, 한국가스공사, 인천도시공사 채권도 일부 유찰되었다. 공공기관의 채권이 유찰되면서 민간 금융회사는 자금 공급이 더욱 어려워졌다. 더 큰 문제는 계속되는 금리 인상에 있다. 채권이 발행되어 자금 모집이 된다고 하더라도 금리 인상으로 인해 이자율이 오르며 기업의 부담이 증가할 것이다. 예컨대 한국전력공사는 금융위기 이후 처음으로 가장 높은 이자율인 6%대 이자율의 부담이 생겨났다.

위와 같은 현상을 설명하고 난 뒤 반드시 앞으로의 방향과 출구전략을 제시해야 한다.

3. 앞으로의 채권시장과 출구전략

앞으로 채권시장은 더욱 힘들어질 수 있다. 한번 내려간 신용도를 회복하기란 쉽지 않기 때문이다. 채권의 특징은 미래의 가치에 투자하는 것이기 때문에 대부분의 채권 투자자는 그 기업의 신용도를 보고 투자하게 된다. 그러므로 정부의 신용이 경색되어 버리면 채권 투자가 쉽지 않다. 세계적인 채권 가격의 추세도 마찬가지다. 미국의 금리 인상으로 인해 통화량이 긴축되고 채권 가격이 조정되면서 채권에 투자하는 사람들이 적어지고 있다. 이로 인해 기업들은 자금 조달이 어려울 것이라고 전망한다.

그렇다면 출구전략으로는 어떤 것이 있을까? 앞서 이야기했듯이 화폐 경제는 '신용'으로 이루어진다. 그러므로 국가 신용도를 올리는 것이 필요하다. 현재 산업의 전환기에 놓여 있으며 기후변화 대응에 대한 니즈가 발생하고 있다. 이에 맞는 정부의 정책과 인프라 지원, 기업의 지급보증 등의 연장, 금리 인상으로 문제가 될 수 있는 가계부채 지원 등을 통해 투자자의 정부 신뢰를 만들어 낸다면 경색된 채권시장을 풀어낼 초석이 될 것이다.

이와 같이 현대 사회의 경제는 정부의 역할이 중요해졌다. 신자유주의 시대를 넘어 혼합경제 시대의 상황을 이해하고 채권시장을 바라본다면 출구전략을 이야기할 수 있을 것이다. 기대상황이나 출구전략에는 정답이 없다. 이러한 논제는 지원자들에게 정답이 아니라 본질을 꿰뚫어 볼 수 있는지, 현황을 정확히 이해하여 출구전략을 제시할 수 있는지와 같은 논리적 사고를 요구하기 때문에 본질과 현황에 대한 내용을 정확하게 작성해야 한다.

배경지식 강의 바로 가기 ▶

〈논 제〉

한국의 채권시장이 불안하다. 채권시장 불안의 원인과 이를 바라보는 자신의 입장에 대해 논술하시오.

❶ 개요

서론	금본위제 폐지에 따른 '신용'의 개념 재정립과 '채권'의 의미
본론	• 대한민국 채권시장의 불안정성이 커진 원인 - 레고랜드 사태에 따른 채권시장 경색 - 정부 차원의 긴급대책에도 영향 미비 • 채권시장의 불안정성에 따른 문제점 - 경기 침체의 악순환 • 채권시장의 불안정성을 해결하는 방안 - 민간기업에 대한 금융 및 정책 지원 - 국가 신용도를 높이기 위한 노력
결론	채권시장의 본질적 특징에 따른 거시적 차원의 대응 촉구

❷ 모범답안

금본위제 시기의 화폐는 재화와 서비스의 가치를 매기는 수단으로 존재했었다. 그러나 1971년 금본위제가 폐지된 이후 화폐는 본질적 가치를 가지게 되었고, 이러한 측면에서 '신용'의 개념이 새롭게 정립되었다. 즉, 신용은 단지 거래를 의미하는 것이 아니라 구매력 그 자체를 의미하는 개념이 된 것이다. 이에 따라 발행자가 보유자에게 일정한 금액을 특정한 날짜에 지급하기로 한 약속으로서의 '채권'은 자본주의 경제 체제에서 유동성의 큰 축으로 자리 잡게 되었다.

그러나 현재 대한민국의 채권시장은 '레고랜드 발' 사태로 인해 불안에 휩싸인 상황이다. 레고랜드는 강원도의 지급보증하에 춘천 중도에 개장한 세계 3대 테마파크 중 하나이다. 2011년 설립 결정 이후 공사가 진행되던 중 2014~2015년에 걸쳐 유적이 발견되면서 공사가 중단되었고, 중단 기간이 길어지면서 비용이 계속 증가하여 공사 재개가 불투명해지는 위기를 겪었다. 이에 공사 주체인 강원중도개발공사가 발행한 자산유동화기업어음(ABCP)에 강원도가 지급보증을 서면서 투자자를 유입할 수 있었고 공사를 재개하여 개장에 이른 상황이다. 하지만 2022년 9월 만기가 돌아온 채권에 대해 강원도가 지급보증을 거부함으로써 강원중도개발공사는 부도 처리가 되었고, 이에 투자자들은 일대 혼란에 빠지게 되었다. 그뿐만 아니라 지자체의 지급보증 거부는 민간기업은 물론 공공기관에서 발행하는 채권에 대한 신용도 하락으로 이어져 채권금리가 급등하는 문제상황이 발생한 것이다. 이에 정부는 단기자금시장 불안 완화책으로 '긴급 거시경제 금융회의'에서 50조 원+α의 지원안을 발표했으나 여전히 채권시장 안정화는 이루어지지 않고 있다.

채권시장이 불안해지면 기업은 자금 확보가 어려워지고 이는 다시 생산성 저하로 이어져 경기 침체의 길로 접어드는 악순환의 고리에 빠지게 된다. 따라서 채권시장 안정화를 통해 하락한 기업 신용도를 높이고 생산성 확대를 이루는 출구전략이 필요하다. 첫째, 민간기업에 대한 정부의 지원이 이루어져야 한다. 이는 회사채의 지급보증 기한 연장 및 매입, 채권시장안정펀드와 같은 금융 지원뿐만 아니라 4차 산업혁명 시대의 신기술, 신상품 개발 등에 대한 정책 지원도 해당한다. 결국 대한민국 기업의 신용도와 더불어 매력도가 높아져야 채권의 매력도도 함께 높아질 수 있기 때문이다. 둘째, 국가 신용도를 높이기 위한 노력도 경주해야 한다. 채권시장은 국고채와 회사채가 연동되어 있는데다가 대한민국의 경우 다른 나라와 달리 지정학적 변수가 추가로 고려되어야 하는 상황이므로 국채발행 및 운용에 보다 전략적인 접근이 필요하기 때문이다.

신자유주의 시대를 넘어 혼합경제 시대로 이동 중인 현대 사회는 특히 경제적 측면에서 정부의 역할이 더욱 중요해지고 있다. 특히 채권시장의 경색은 즉각적으로 기업운용에 타격으로 이어지기에 부작용과 후폭풍이 크므로 기업과 국가경제가 원활히 작동할 수 있도록 채권시장 관리에 금융과 제도적 지원 및 정치적·외교적 노력을 기울일 필요가 있다.

합격 꿀 Tip

'채권'은 기업이나 정부와 같은 경제적 주체가 사업수행과 자산관리를 위해 선택할 수 있는 요소로 규모 면에서는 주식보다 훨씬 큽니다. 따라서 채권시장의 불안정성은 경제 전반에 걸쳐 즉각적이고 엄청난 영향을 줄 수 있다는 점에서 보다 근본적인 해결책 제시가 필요하지요.

3 가상화폐의 미래

신용보증기금, 한국은행, IBK기업은행, KDB산업은행, 기술보증기금, 인천국제공항공사, 한국무역협회, 서울산업진흥원 출제 예상

STEP 1 논제 공략하기

> **〈논 제〉**
> NFT와 가상화폐의 차이점을 쓰고, NFT의 미래성에 대해 논하시오.

NFT(Non-Fungible Token)에 대한 논제는 지금까지는 많이 나오지 않았으나, 최근 들어 가장 큰 이슈이므로 미리 준비해야 한다. 실제 수험생들은 NFT에 대한 이해가 부족해 대부분 가상화폐 정도로만 알고 있는데, 공공기관과 민간기업은 앞으로 NFT 시장이 커질 것을 예상하여 여기에 투자하고 있는 경우가 많다. 이 논제에 대한 답안을 쓸 때는 NFT의 정의와 현재의 시장 상황을 정확하게 파악하고 있음을 보여주는 것이 중요하다. 따라서 가장 먼저 NFT의 정의와 시장 상황을 이야기해 주어야 한다.

1. NFT의 정의와 시장 상황

NFT란 대체 불가능한 토큰으로, 블록체인 기술을 이용해서 디지털 자산이 자신의 소유라는 것을 증명하는 가상의 토큰을 의미한다. 토큰이라고 해서 가상화폐로 생각하는 사람들이 많은데, NFT는 일종의 디지털 증명서라고 생각해야 한다. NFT가 필요한 이유는 가상의 공간에서 일어나는 디지털 복제에 '아우라'를 부여하기 위해서이다. '아우라'란 발터 벤야민(Walter Benjamin)의 이론으로, 예술 작품에서 흉내 낼 수 없는 분위기를 뜻한다. 원래는 독특한 영기나 기운을 나타내는 말이었으나 벤야민은 현대 사회에서 본연의 분위기가 사라지는 복제의 시대를 설명하는 데 사용하였다.

하지만 NFT는 복제가 당연해진 디지털 세상에서 증명서를 발행해 줌으로써 '오리지널'을 탄생시킨다고 생각할 수 있다. 그래서 NFT가 가장 많이 활용되고 있는 부분이 디지털 미술품이 된 것이다. 이에 대한 활용은 다양하게 나타나고 있다. 메타버스의 대표 산물이라고 할 수 있는 '제페토'에는 '구찌', '나이키' 등의 브랜드가 입점하여 캐릭터의 의상을 판매하고 있다. 이는 단지 메이커를 복제하는 수준이 아니라 그 브랜드의 오리지널리티를 증명하는 NFT가 등장하여 진짜 '명품'인 디지털 명품, 디지털 브랜드가 생겨난 것이다.

위와 같은 내용을 구체화해 작성한 다음, NFT의 발전 방향에 대해 써 주는 것이 좋다. 만약 좀 더 인문학적인 내용을 추가한다면 NFT의 경우 장 보드리야르(Jean Baudrillard)의 '시뮬라시옹', '시뮬라크르'

의 개념을 적용하면 좋다.

또한 NFT에서 사용하는 화폐가 가상화폐이므로 NFT 시장에서 가상화폐 시장이 형성될 수 있고, 이것이 오프라인 시장으로 넘어올 수 있을지, 아닌지에 대한 스스로의 판단이 필요할 것이다.

2. 장 보드리야르의 이론

장 보드리야르는 디지털 세계를 가장 잘 설명하는 철학자이다. 물론 그가 디지털 사회 자체의 철학적 정의를 내린 것은 아니지만 현대 사회를 새로운 시각으로 재조명하였다. 그는 현대 사회에서 사물이 가진 실체성을 인정하지 않고 의미로 작용한다는 데 주목하였다. 사물은 무엇에 쓰인다는 데 의미가 있는 것이 아니라 하나의 기호로서 역할을 한다는 것이다. 현대 사회에서 사물은 도구 가치로서가 아니라 기호 가치로서 존재한다. 즉, 기호가 실재를 대신하는 것이다. 여기에서 이야기하는 기호란 어떤 사물이 가지는 이미지라고 보아도 좋을 것이다. 과거에 이런 사물의 이미지는 대상을 나타내는 것에 그쳤지만 현대 사회에서 기호는 어떤 사물이 가진 속성만을 이야기하지 않고 또 다른 의미를 만들어 낸다. 기호로부터 발생한 다른 의미는 사물이 원래 가지고 있었던 속성을 대체한다. 예를 들어, '샤넬'이라는 브랜드는 원래 가브리엘 샤넬(Gabrielle Chanel)이 만들어 낸 하나의 패션 브랜드이다. 그런데 시간이 지남에 따라 '샤넬'은 또 다른 의미를 만들어 낸다. 바로 '명품'이라는 의미이다. 결국 '샤넬'은 시간을 거치면서 '명품'이라는 의미로 대체되는 것이다. 그리고 우리는 그것을 실재라고 믿는다.

보드리야르는 이런 상황에 '초과실재(Hyper-reality)'라는 개념을 부과했다. 기호의 세계에서 사물은 현실적인 실재가 아니라 초과실재로 존재하게 되는 것이다. '샤넬'은 패션 브랜드임에도 불구하고 우리가 '명품'이라고 믿어버리는 결과를 낳게 되는 것이 바로 '초과실재'에서 나타나는 현상이다. 이때 보드리야르는 '샤넬'에 '시뮬라크르'라는 개념을 적용한다. '시뮬라크르'란 초과실재에서 나타나는 사물을 말한다. 결국 그가 이야기하는 현대 사회는 사물이 가지고 있는 원형으로만 존재하는 것이 아니라 인간이 만들어 낸 사물의 이미지로 구성되어 있는 것이다.

이런 보드리야르의 이야기를 디지털 세계에 적용해 본다면 디지털 세계는 초과실재이고, 이 초과실재를 받아들이는 대부분의 소비자는 이를 실재 세계로 인지하고 여기에서 거래하게 되는 것이다.

마지막으로 NFT의 미래성이 정리되어야 한다. 여기에서는 '투자할 만한 가치가 있다.'라는 내용이 아니라 NFT의 미래성에 대해 기술하는 것이 좋다.

3. NFT의 미래성

NFT는 간단하게 말해 디지털 등기부등본이라고 생각해도 된다. 즉, 디지털 저작물에 자신의 저작권을 자동으로 부여할 수 있다. 이렇게 된다면 앞으로 만들어 내는 모든 창작물에는 NFT가 적용된다. 예를 들어, 구글에서 이미지를 검색하면 대부분이 저작권이 있는 자료여서 상업적 용도로 사용하기 어렵다. 하지만 NFT를 이용하면 자동으로 저작자에게 가상화폐로 저작권 비용이 지급되기 때문에 자유롭게 상업적 용도로 사용하면서 법으로부터 자유로운 거래가 이루어질 수 있다. 즉, 모든 사람이 창작자이자 소비자가 되는 진정한 프로슈머의 세계가 열리는 것이다. 그러므로 여기에서 거래되는 가상화폐는 거래의 수단으로 사용될 뿐 투자가치가 있는 화폐로 발전할 가능성은 적다.

배경지식 강의 바로 가기 ▶

> **〈논 제〉**
>
> NFT와 가상화폐의 차이점을 쓰고, NFT의 미래성에 대해 논하시오.

❶ 개요

서론	가상화폐와 NFT의 개념과 유사점

본론	• 가상화폐와 NFT의 차이점
	  - 교환가치 측면에서의 대체 가능 여부
	  - 가격 결정 요인
	• 가상화폐와 NFT의 관계
	  - 수단과 대상으로서 높은 상관관계
	• NFT의 미래성
	  - 디지털 세상에서의 오리지널리티 획득
	  - 창작자와 소비자의 경계 파괴
	  - 진정한 프로슈머로서의 질서 성립

결론	• 관련 개념에 대한 정확한 정립의 필요성 • 법적·제도적 안전장치 마련의 필요성

❷ 모범답안

가상화폐는 네트워크로 연결된 특정한 가상공간(Virtual community)에서 전자적 형태로 사용되는 디지털 화폐로, 가상자산의 소유를 증명하는 NFT와 블록체인 기술을 이용한다는 점과 교환가치가 있다는 점에서 유사점이 있다. 즉, 가상화폐와 NFT는 탈중앙화와 투명성 등 블록체인의 기술적 특징과 구매를 통한 자산의 확립이 가능한 것이다.

그러나 이 둘은 명백한 차이가 있다. 특히 교환가치 측면에서 대체 가능 여부의 차이와 가격 결정 요인의 차이로 인해 가상화폐와 NFT는 본질적으로 다르다. 먼저, 대체 가능 토큰인 가상화폐의 경우 표면상의 액수에 따라 비례적으로 가치가 형성되는 반면 대체 불가능 토큰인 NFT는 각각의 고유한 속성과 희소성을 갖추고 있기 때문에 가치가 매우 유동적이다. 다음으로, 가상화폐는 매수, 매도량이나 채굴을 통한 공급환경에 따라 가격이 달라진다는 점에서 일반화폐와 유사하나 NFT는 희소성이나 발행주체의 영향력 또는 지식재산권(IP)의 가치에 따라 가격이 달라진다.

그럼에도 불구하고 가상화폐와 NFT는 수단과 대상이라는 점에서 특수한 관계가 성립된다. 가상화폐는 그 자체로 가상자산일 수 있으나 NFT와의 관계에서는 교환 수단으로서 존재하기 때문이다. 따라서 NFT의 활성화는 가상화폐의 활성화를 이끌어낸다고 볼 수 있다.

NFT는 그동안 실물에만 존재했던 '원본' 개념을 디지털 세상으로 확대했다는 점에서 의의가 있다. 즉, 발터 벤야민이 제시한 예술 작품의 아우라가 디지털상에서도 성립되고 증명된다. 그로 인해 메타버스 안에서도 기존 명품의 오리지널리티가 통하고, 디지털 작품의 가치가 인정되는 것이다. 이는 역으로 디지털 세상에서 실물 세계로 확대되어 이제는 모든 창작물에 NFT를 적용하여 저작권이 생성되고 보호될 수 있으며, 이는 모든 저작물에 대한 엄격하고 투명한 '거래'를 활성화하는 방향으로 전개될 것이다. 그에 따라 창작자와 소비자의 경계가 사라지고 모두가 프로슈머로 존재하는 시대로의 전환이 불가피하다.

따라서 관련 개념에 대한 정확한 정립과 더불어 법적·제도적 기반 마련이 필요하다. 급격하고 커다란 변화에 따르는 부작용을 최소화하고 안정적인 정착을 도울 수 있어야 하기 때문이다. 또한 개인들도 온라인과 오프라인의 경계를 넘어 새로운 변화에 대해 유연한 인식을 제고해야 할 것이다.

합격 꿀 Tip

가상화폐를 '투자'의 대상으로만 인식해서는 안 됩니다. 가상화폐는 물론 기존 화폐도 그 자체로 자산이기는 하나 디지털 세상이 확대되는 시점에서 가상화폐는 '교환 수단'으로서의 가치가 커진다는 것을 잊어서는 안 되겠습니다.

📝 실력 플러스 노트

금융·경제 논술 문제를 푸는 핵심 포인트를 확인해 보세요.

1. 금융·경제 논술은 앞으로 일어날 일을 예측하는 것이 좋은 점수를 받을 수 있는 핵심이다.

2. 금융·경제 논술에서는 국제관계, 환율, 채권, 화폐 경제, 경기 침체가 논제로 나올 가능성이 크다.

3. 국제관계와 관련해서는 '미국을 중심으로 하는 국제 정세 개편'과 '에너지 수급과 선진국의 기후변화 대응에 따른 대처방안'에 대해 나올 가능성이 있다.

4. 환율과 채권에 대한 논제는 금리 인상이 환율과 채권시장에 미치는 영향과 상관관계를 정리해 논술을 준비해야 한다.

5. 화폐 경제에 대한 논제는 '국제적인 디지털 화폐'와 관련된 내용을 숙지하고 이에 따른 상관관계를 정리해 논술을 준비해야 한다.

6. 경기 침체에 대한 논제는 '한국의 경기 침체에 대한 출구전략'과 '전 세계 경기 침체에 따른 한국의 출구전략', 두 가지 방안을 준비해야 한다.

Ⅱ 사회 이슈

1 사회의 양극화 문제

인천국제공항공사, 한국국제협력단, 서민금융진흥원, 한국소비자원, 서울산업진흥원 출제 예상

STEP 1 논제 공략하기

〈논 제〉

현재 양극화의 양태에 대해 살펴보고, 특히 노동의 양극화로 인한 문제점과 이를 해결하기 위한 방안에 대해 논술하시오.

본 논제는 양극화에 대한 개념이 정리되어 있어야 답안을 작성할 수 있는 논제이다. 양극화는 경제적 문제로 볼 것인지, 사회적 문제로 볼 것인지에 따라 접근 방식이 다르기 때문이다. 양극화를 경제적 문제로 보면 10분위 분배율, 로렌츠 곡선, 지니계수를 통해 이야기하고 '문제점이 있다.'라고 현상적으로만 보게 된다. 양극화는 단순한 경제적 문제를 넘어 사회적 문제이기 때문에 다양한 관점에서 바라보아야 한다. 특히 본 논제는 노동의 양극화가 주제이기 때문에 산업의 변화에 따른 노동의 변화를 살펴보아야 한다. 즉, 노동의 양극화가 왜 일어나는지를 먼저 작성하는 것이 좋다.

1. 산업의 변화와 노동의 변화

이 논제를 해결하기 위해 먼저 '노동'이라는 개념을 이해해야 한다. 여기에서 이야기하는 노동이란 자본주의 사회에서의 노동을 의미한다. 자본주의 사회에서 노동은 인간이 하는 생산적 활동을 통해 자본과 교환됨을 의미한다. 즉, 여기에서 노동의 개념은 단순한 정신적·신체적 활동이 아니라 정신적·신체적 활동을 통해 생산하고, 이러한 생산적 활동과 자본이 교환되는 것이다.

이러한 노동과 자본의 교환은 1차 산업혁명 이후 나타나기 시작한다. 그리고 2차 산업혁명 시기가 되면서 노동은 더욱 생산 집약적으로 변화하고, 숙련공과 기술자, 그리고 단순노동을 하는 사람들로 나뉘게 된다. 노동의 가치나 노동력을 자본으로 바꾸는 수단은 '시간'으로 치환되었다. 몇 시간 혹은 며칠 동안 일하는가에 따라 임금을 다르게 받게 되는 구조가 산업사회 노동의 구조인 것이다. 즉, 2차 산업혁명을 거치면서 인간의 노동은 얼마만큼 기계적으로 일을 끊임없이 하는가에 따라 임금이 결정된다. 우리는 2차 산업혁명을 통해 인간의 문명을 발전시킬 수 있는 풍요로움과 기술력을 얻었다. 하지만 인간의 노동은 더욱 기계화되고, 물신화되면서 숙련공과 그렇지 못한 사람들로 변화되어 간 것이다.

논술을 쓸 때 이러한 변화에 대해 기술해 줄 필요가 있다. 노동이 변화하고, 숙련공이나 노하우가 있는 사람이 더 많은 혜택을 누리게 되는 현상을 설명하기 위한 근거가 되기 때문이다.

2. 시간 개념의 변화와 노동의 변화

위에서 살펴보았듯이 노동 임금은 시간으로 치환되어 변화되어 왔다. 하지만 코로나19 이후 재택근무가 활성화되고, 출퇴근 시간이 사라지는 상황에서 노동의 가치는 무엇으로 측정되어야 할까? 노동의 가치는 이제 생산성으로만 측정될 수 있다. 게으르지만 일을 잘하는 사람과 일은 못하지만 열심히 하는 사람 중에서 게으르지만 일을 잘하는 사람이 각광받는 시대가 온 것이다. 이를 잘 보여주는 사례가 '소울리스좌' 현상이라고 할 수 있다. 영혼 없이 일을 하더라도, 일을 잘하는 것이 더 중요한 사회가 된 것이다. 이는 경험이 많고, 숙달된 사람이 더 많은 일을 가져가게 될 수 있음을 암시한다.

위와 같은 관점은 노동과 산업·사회의 변화에 대해 살펴본 것이고, 그 외에 경제구조와 노동의 변화도 살펴볼 수 있다. 이 같은 주제의 논술을 쓸 때 가장 필요한 것은 자신의 관점을 하나로 명확하게 만드는 것이다. 다양한 관점에서 글을 쓸 수 있다는 것은 다른 말로 여러 관점이 혼재되어 나타날 수 있다는 것이다. 이렇게 쓰면 잘 쓴 논술이 될 수 없다. 잘 쓴 논술이 되려면 자신의 관점을 명확하게 작성할 수 있어야 한다.

3. 경제구조와 노동의 변화

현대 사회는 금융 자본의 영향을 받고 있다. 제조업 중심의 경제 체제에서 노동은 '신성시'되어 왔다. 노동을 통해 생산물을 만들고, 이를 통해 경제가 활성화되었기 때문이다. 하지만 경제구조가 금융 산업으로 재편되면서 제조업 중심의 노동을 통해서는 더 이상 자본을 축적하기 어려운 구조가 되었다. 금융 산업은 자본이 가속화되는 경향이 있기 때문에 인플레이션을 불러온다. 즉, 금융 자본 시장의 경제 체제에서 제조업 노동 임금의 인상은 금융 자본 시장의 물가상승률을 따라잡지 못하는 현상이 발생하면서 채무로 만들어지는 자산을 형성하지 않으면 현대 사회에서 살아가기 힘든 구조를 가지게 되는 것이다. 그렇게 만들어지는 사회 현상이 바로 '재테크 열풍'이다. 이러한 재테크 열풍은 신성시되어 온 노동을 경시하게 만들고, 노동의 양극화뿐만 아니라 자본의 양극화도 불러온다.

노동의 개념과 양극화의 원인에 대해 기술한 다음에 나와야 할 내용은 양극화의 문제점이다. 우리는 대부분 '양극화는 문제가 된다.'라는 정의를 내리면서도 왜 문제가 되는지를 이야기하지 못하거나 현상학적 접근만을 하고 있을 뿐이다. 그러므로 이 논제에서는 '노동의 양극화는 왜 문제가 되는가?'라는 내용을 담는 것이 핵심이다.

4. 노동의 양극화의 문제점

노동의 양극화는 왜 문제가 되는가? 결론부터 말하면 노동이 양극화되면 고용시장의 질이 달라지기 때문이다. 숙련공만이 필요한 시점에서 단순노동 혹은 저숙련의 일은 비정규직 혹은 일용직으로 나타나는 현상이 발생한다. 즉, 취약 노동자가 발생하면서 임금의 격차가 생기고 이를 통해 노동시장의 양극화가 가속될 수 있다. 과거 '인국공 사태'에서 알 수 있듯이 정규직 전환을 둘러싼 사회 갈등이 발생할 수 있는 것이다. 양극화는 어떤 양극화이든 '사회 갈등'의 요소가 나타나기 때문에 문제가 된다. 정의로운 사회가 되기 위해서는 '사회 통합'적인 요소가 있어야 하는데, 갈등이 끊임없이 일어나기 때문에 사회의 분열과 갈등이 발생하는 것이다. 사회 갈등은 여러 가지 전반의 문제를 가져올 수 있다. 민주주의는 기본적으로 사회적 합의에 의해 만들어지는데, 사회적 합의를 이끌어내지 못하게 된다. 이는 노동시장에서 노동의 유연성만을 강조하거나 정규직과 비정규직 간의 갈등을 초래하여 사회적 문제가 발생한다.

위와 같은 문제점을 제시하는 것은 양극화는 경제적 문제가 아닌 사회적 문제라는 것을 이야기하고 강조하기 위함이다. 위와 같은 관점이 아니더라도 노동의 양극화가 발생하면 소득이 양극화되어 소비의 양극화가 일어난다는 문제점을 제시해도 된다.

이러한 문제점을 제시한 후 노동의 양극화 해소와 관련된 내용을 기술해야 한다. 노동의 양극화를 해소할 방법을 구체적으로 제시하기는 어렵다. 어떠한 사례도 양극화를 최소화할 뿐 완전히 해소할 수 있는 새로운 방법은 없기 때문이다. 따라서 결론에서는 사회적 합의를 할 수 있는 장치가 필요하다는 내용이나 정부의 노력이 필요하다는 내용, 혹은 노동의 유연성을 확보하면서 이에 대한 리스크를 줄일 방법으로 노동의 황금 삼각형에 대한 내용을 이야기해도 된다. 여기에 사례로 네덜란드나 덴마크가 어떤 노력을 기울이는지에 대해서 기술한다면 더욱 좋은 논술이 될 수 있다.

배경지식 강의 바로 가기 ▶

> **〈논 제〉**
>
> 현재 양극화의 양태에 대해 살펴보고, 특히 노동의 양극화로 인한 문제점과 이를 해결하기 위한 방안에 대해 논술하시오.

STEP 3 　모범답안 확인하기

❶ 개요

서론	양극화 문제의 대두와 한국 사회에서의 양극화 문제
본론	• 노동 양극화 문제의 중요성과 현대 사회에서 노동의 의미 • 노동 양극화의 원인 　- 기술 발전으로 인해 노동 생산성의 격차 발생 　- 노동의 가치 측정 기준 변화 • 노동 양극화의 문제점 　- 노동 양극화에 따른 소득 격차 확대 　- 노동가치와 안정성 훼손으로 인한 갈등 발생
결론	• 정부 차원에서 선제적인 시스템 정비의 필요성 • 개인 차원에서 노동가치 함양의 필요성

❷ 모범답안

한국 사회의 양극화 문제는 2000년대 중반부터 주요 이슈가 되었다. 양극화란 양극단으로 쏠려서 중간 부위가 약화되는 현상으로 그 중심의 근본에는 빈부격차가 존재한다. 이에 기존의 양극화 문제는 단순히 성장과 분배 중 어느 쪽에 초점을 두어야 하는가에 대한 논의로 이어졌지만, 현재 한국 사회에서 발생하는 양극화는 의료, 교육, 산업 등의 분야에 걸쳐 전 사회적인 양상으로 드러나고 있다.

그중에서도 특히 노동의 양극화 현상은 시대적 변화와 더불어 미래의 한국 사회를 예단할 수 있다는 측면에서 논의의 중요성이 크다. 현대 사회에서의 노동이란 인간이 생산적 활동을 통해 그 대가를 자본과 교환하는 것이다. 따라서 이는 정신적이거나 신체적인 활동 그 자체로의 의미보다는 해당 활동이 자본과 교환되는 결과로써의 의미가 강하다.

이와 같은 노동의 의미는 2차 산업혁명 이후 보다 생산 집약적인 성격을 띠게 되었으며 그 결과 숙련공과 기술자, 단순 작업자의 격차가 확대되었다. 물론 아직도 노동의 대가는 생산량보다 근무 시간에 비례하는 경향이 있기는 하지만 기술 발전으로 인해 생산량 증대가 비약적으로 일어남으로써 노동의 양극화는 급격히 확대되고 있다. 코로나19 역시 노동의 양극화 확대에 중요한 계기가 되었다. 즉, 재택근무의 활성화로 인해 노동 시간으로 대변되는 노동의 가치가 철저하게 생산물의 가치에 의해 결정되는 방식으로 변화된 것이다. 이는 기계로 대체될 수 없고, 부가가치가 높은 노동을 제공하는 사람과 그렇지 않은 사람 간의 임금 격차를 극단적으로 밀어붙이는 결과를 가져왔다.

그러나 이러한 노동의 양극화는 곧바로 빈부 격차와 사회 갈등으로 이어진다는 점에서 문제가 된다. 자본을 소유하지 못하고 있는 대부분의 사람은 노동을 통한 삶의 영위를 선택할 수밖에 없는데, 노동의 양극화는 일부의 상위계층과 다수의 하위계층을 양산하기 때문이다. 그뿐만 아니라 고용시장의 질을 변화시켜 노동의 가치와 안정성이 훼손될 가능성도 발생한다. 이는 현격한 빈부 격차와 노동자 간의 갈등을 야기해서 사회발전과 안녕에 저해 요인이 된다.

따라서 정부 차원에서 선제적으로 사회적 합의를 이끌어낼 수 있는 장치를 마련해야 한다. 즉, 기술 발전에 따른 생산성 증대의 효과를 충분히 누리면서도 이 과정에서 노동이 소외되거나 특정한 노동력이 배제되지 않도록 성장 – 고용 – 복지를 아우르는 황금 삼각형 실현 방안을 제시해야 할 것이다. 또한 개인 차원에서도 능동적인 자세로 자기 계발에 적극 임하여 스스로의 가치 함양을 위해 노력해야 한다.

합격 꿀 Tip

현대 사회에서의 양극화는 어떤 부분의 것이든 빈부 격차의 문제로 귀결될 수밖에 없습니다. 그렇다면 이는 사회 전체 시스템의 재정비가 필요한 문제이며 그렇기에 정부 차원에서의 예방과 지원이 필요하지요. 따라서 정부 수준에서의 대책과 개인 수준에서의 뒷받침 노력을 제시하는 것이 가장 적절한 방안입니다.

2 MZ세대의 특징과 갈등해소

인천국제공항공사, 한국국제협력단, 서민금융진흥원, 한국소비자원, 사립학교교직원연금공단, 한국언론진흥재단 출제 예상

STEP 1 논제 공략하기

> **〈논 제〉**
> MZ세대의 특징과 앞으로 MZ세대를 공략하기 위한 방안(기업의 입장, 시장의 입장)에 대해 자신의 생각을 논술하시오.

본 주제는 대부분의 공공기관 면접에서 가장 많이 물어본 질문이자 앞으로도 계속 논의될 내용이므로 MZ세대를 좀 더 전문적으로 파악하여 그들을 공략할 방안을 제시할 수 있는 사람을 찾기 위해 논제로 출제될 가능성이 가장 크다. 이 논제에서 가장 중요한 것은 MZ세대의 특징인데, MZ세대의 특징을 이야기할 때 주의해야 할 점은 단순히 특징만 나열하는 것이 아닌, 그러한 특징이 나오게 된 배경을 알고 설명해야 한다는 점이다. 즉, '개인주의적인 성향을 가지고 있다.', '공동체 의식보다 자신의 워라밸이 중요하다.', '목적 지향적이다.'라는 내용을 나열하기보다 왜 이러한 성향을 지니게 되었는지를 설명할 수 있어야 한다.

1. MZ세대의 특징과 그 배경

MZ세대는 다른 어떤 세대보다 개인주의적인 성향이 강하다. MZ세대는 누구보다 풍요로운 시대를 살아온 세대이자 부모의 학벌이 다른 어떤 세대보다 높다. 그리고 많은 형제를 둔 세대가 아니다. 그러므로 이들의 부모는 자녀들의 학력이나 성취도에 집중한다. 또한 MZ세대는 부모보다 가난한 세대라고 할 수 있다. 이런 배경에서 2000년대부터 한국 사회는 경쟁이 당연한 사회가 되었다. MZ세대는 초등학생 때부터 허들 넘기식의 경쟁 체제 아래 살아온 것이다. 경쟁은 당연한 것이 되었고, 그 안에서 '공정'이라는 개념이 생겨났다. 즉, 자신의 경쟁력을 인정받아야 하는 사회에서 공동체를 영위하기 위해 자신을 희생하는 것은 자신을 도태시키는 행위나 다름없는 행위인 것이다. 이에 따라 '남에게 신경 쓰지 않고, 남도 나를 신경 쓰지 않는 문화'가 MZ세대 사이에서 나타났다. 부모세대의 성향과 경쟁주의가 이러한 개인주의적인 문화를 낳았다.

산업 또한 MZ세대의 개인주의적이고 목적 지향적인 성향에 영향을 미쳤다. 온라인 산업의 발전으로 MZ세대는 '큐레이션 커머스'에 익숙한 세대이다. 스스로 무엇을 원하는지 몰라도 온라인에서는 자신이 원하는 것을 알아서 찾아주기 때문에 MZ세대는 '탐색비용'이 들어가는 것을 비효율적이라고 생각한다.

기성세대는 '탐색비용'도 '경험'의 범주에 넣고, 실패해도 자신의 경험치를 올린다고 생각하지만 MZ세대는 그렇지 않다.

관계 형성에 대한 개념도 기성세대와 MZ세대는 다르다. 현재 대부분의 관계는 SNS로 네트워크화되어 있다. 그러므로 안부 인사보다는 인스타그램 게시물에 하트 표시를 하면서 자신을 드러낸다. 안부 인사가 꼭 필요하지 않다면 하트를 누르는 것으로 자신이 잘 지내고 있다는 사실을 표현하는 것이다. 코로나19를 거치면서 MZ세대의 이런 성향은 더욱 짙어졌다. 비대면 상황에서 온라인으로, 메타버스로 타인과의 관계를 형성하면서 같은 목적이 아니라면 굳이 자신이 감정노동을 하면서까지 다른 사람을 만날 필요가 없다고 생각하는 것이다.

위에서 서술한 바와 같이 MZ세대의 특징을 나열하는 동시에 그들의 외부환경이나 사회적·문화적 요인에 의한 성향 분석이 이루어져야 MZ세대를 공략하기 위한 방안이 마련될 수 있다.

2. 기업의 입장에서 MZ세대의 역량 강화 방안

앞서 이야기했듯이 MZ세대는 경쟁 속에서 살아왔다. 경쟁에서 가장 중요한 요소는 미래에 대한 투자보다는 즉각적인 보상이라고 할 수 있다. 그래야 자신의 경쟁력을 인정받았다고 생각하기 때문이다. 그러므로 기업에서 MZ세대의 역량을 끌어올리기 위해서는 반드시 어떤 일에 대한 즉각적인 보상이나 지원이 있어야 한다. MZ세대는 목표 지향성이 강하기 때문에 반드시 구체적인 목표를 정해 주고 업무를 지정해 주어야 한다. 그들은 어떤 세대보다 합리성이 강하고, 효율적인 업무를 추구하므로 목표 설정만 잘 해 준다면 역량을 발휘하여 기업의 이익을 창출할 수 있을 것이다.

다음으로 직장 내에서의 관계 형성이다. MZ세대에게 직장은 돈을 벌기 위한 수단 또는 자신의 생활을 영위하는 수단이다. 기성세대보다 공과 사를 확실하게 구분하므로 사적인 생활을 존중해 주는 기업 문화가 중요하다.

3. MZ세대의 소비 트렌드

온라인 세대로 태어난 MZ세대는 55% 이상이 평소 소비하는 물품을 주로 모바일이나 온라인으로 구매한다. 그중 모바일이 37%로 높은 비율을 차지하고 있으며, 그중 73%는 배달음식이나 식료품, 패션, 가전, 가정용품이었다. 결국 이런 세대를 공략하기 위해서는 온라인 서비스를 확장하고, 큐레이션 커머스를 확대해야 한다. 온라인이 익숙한 세대, SNS가 익숙한 세대에게 중요한 것은 'FLEX'이기도 하다. 즉, 과시소비를 통해 자신을 드러내는 콘텐츠가 익숙한 세대인 것이다. 실제 MZ세대의 명품 소비 비중은 매년 증가한다. 2018년 명품 매출에서 3%를 차지하던 MZ세대의 소비는 2020년 30% 이상을 차지하였다. 여기에 '가치소비'까지 더해져서 독자적이고 개성적인 소비까지 일어나고 있다. 따라서 현재 소비시장을 이끌어가는 MZ세대를 공략하려면 가치 중심적이고, 희소성이 있으며 온라인 접근성이 뛰어난 제품으로 공략해야 한다.

논제에서 MZ세대를 공략하기 위한 방안을 기업의 입장과 시장의 입장으로 나누었는데, 기업의 입장에서는 MZ세대를 고용하고 그들의 능력을 이끌어낼 수 있는 방안에 대해, 시장의 입장에서는 MZ세대의 소비를 끌어낼 수 있는 방안에 대해 기술해 주는 것이 좋다.

배경지식 강의 바로 가기 ▶

〈논 제〉

MZ세대의 특징과 앞으로 MZ세대를 공략하기 위한 방안(기업의 입장, 시장의 입장)에 대해 자신의 생각을 논술하시오.

❶ 개요

서론	MZ세대의 의미와 배경
본론	• MZ세대의 특징 1 　- 경쟁에 대한 수용적 태도 　- 경쟁 과정에서 나타나는 개인주의적 태도와 주요 관심사 • MZ세대의 특징 2 　- 극단적 합리성 　- 소비와 인간관계에서 나타나는 합리적 경향 • MZ세대 공략방안 　- 기업 차원에서의 공략방안 　- 시장 차원에서의 공략방안
결론	MZ세대의 다양성을 이해할 수 있는 유연한 태도의 필요성 제시

❷ 모범답안

MZ세대는 밀레니얼 세대와 Z세대를 통틀어 지칭하는 표현으로 일반적으로 1981년부터 2000년대 초까지 출생한 사람들을 의미한다. 이들은 대한민국 역사상 가장 풍요로운 시대를 살아왔고 형제가 많지 않은 특징이 있어 물질적 결핍으로부터 자유롭다. 또한 이들의 부모 역시 그 어느 세대보다도 학력이 높기 때문에 높은 수준의 성취를 자녀에게 기대하곤 한다. 따라서 자녀들의 학력이나 직업에 관심이 많다.

이와 같은 배경하에서 자란 MZ세대는 무엇보다 경쟁을 자연스러운 것으로 받아들이는 특징이 있다. 즉 원하는 성취를 이루기 위해서는 경쟁이 당연한 것이며 경쟁을 통해 이룬 성취는 자랑스러운 삶의 성과가 되는 것이다. 그렇기 때문에 타인과의 경쟁관계 또한 적대적이거나 불편한 것으로 인식하지 않고, 경쟁에 참여한 본인에게 온전히 집중하는 경향을 보인다. 또한 이들에게 있어 경쟁 과정의 공정성과 투명성은 그 어느 때보다 민감한 문제가 되며 경쟁방식과 경쟁에 따른 성과의 분배역시 초미의 관심사가 된다.

또한 MZ세대는 극단적인 합리성을 추구하는 경향이 있다. 이전 세대가 쉽게 받아들이지 못했던 구독과 공유시스템을 매우 자연스럽게 받아들이고 있고, 큐레이션 커머스를 통해 탐색비용을 최소화하는 태도를 보인다. 이는 인간관계에까지 영향을 미쳐 SNS를 통한 넓고 얕은 관계 형성에 능하고 체면과 인사치레에 대한 부담감을 전혀 느끼지 않고 있다.

따라서 이와 같은 MZ세대를 노동의 주체, 소비의 주체로 인정하고 받아들이기 위해서는 MZ세대에 대한 이해를 바탕으로 한 전략이 필요하다. 우선, 기업은 MZ세대가 생각하고 있는 경쟁의 의미를 적극 수용할 필요가 있다. 즉 정확하고 명료한 업무지시를 통해 업무수행 과정에서 그들이 공정하고 투명한 경쟁상황에 있음을 인지시켜야 한다. 그리고 구체적인 목표 설정으로 업무성과와 기여도의 객관적 제시 및 즉각적인 보상체계가 필요하다. 또한 시장에서는 MZ세대의 합리성에 주목해야 한다. 이는 단지 가격전략의 문제가 아니라 그들이 지불해야 하는 시간과 에너지를 효율적으로 관리하고, 심리적인 만족감을 계량화하는 전략을 통해 MZ세대가 중점을 두는 가치를 실현할 수 있도록 해야 하는 것이다.

아이러니하게도 MZ세대는 세대라는 말로 규정할 수 없다는 특징이 있다. 극도의 개인주의와 다양한 가치관의 거침없는 표현이 그들이 살아온 배경 속에서 확장되었기 때문이다. 따라서 기성세대와 MZ세대의 융화를 통한 성장을 위해서는 무엇보다 유연한 태도와 자세가 전제되어야 한다.

합격 꿀 Tip

지나치게 범위가 넓거나 최근에 등장한 새로운 개념이 출제되면 '나만의 정의'를 내리는 것이 필요합니다. 즉, 이 논술문에서 '나는 이 개념을 이런 의미로 정의한다.'라고 제시하면 해당 논술문에서 내용적 타당성과 논리성을 쉽게 확보할 수 있는 것이지요.

3 플랫폼 노동시장과 긱 이코노미

SGI서울보증, 한국국제협력단, 서민금융진흥원, 한국소비자원, 사립학교교직원연금공단, 서울산업진흥원 출제 예상

STEP 1 논제 공략하기

> **〈논 제〉**
>
> 플랫폼 노동시장이 급증하면서 산업에 대한 변화도 일어나고 있다. 이에 따른 사회와 공공기관의 역할에 대해 자신의 생각을 논술하시오.

본 논제에서 플랫폼 노동시장이라고 제시하였지만 정확하게는 '긱 이코노미(Gig economy)'에 대한 사회적인 변화에 대해 논술하라는 것을 의미한다. 즉, 이 논제에 대한 답안을 잘 쓰기 위해서는 먼저 긱 이코노미의 정의를 이야기하고, 비정규직과 긱 워커(Gig worker)를 구분해 주어야 한다. 또한 긱 워커가 주목받게 된 사회적 배경을 기술해 주는 것이 좋다.

1. 긱 이코노미의 정의와 주목받게 된 배경

긱 이코노미란 '임시로 하는 일'이라는 뜻으로 필요에 따라 일을 맡기고 구하는 경제 형태를 의미한다. 긱 이코노미의 경제주체는 소비자와 여기에서 일하는 긱 워커, 그리고 이를 연결해 주는 플랫폼이다. 이를 플랫폼 노동시장이라고도 하는데, 코로나19 이후 긱 워커는 기하급수적으로 늘어났다. 실제로 크몽, 탤런트뱅크, 원티드 긱스, 숨고 같은 플랫폼 개수가 10배 이상 증가하면서 긱 이코노미가 주목받게 되었다. 긱 이코노미는 기존의 노동시장과 궤를 달리하고 있다. 기존의 노동시장은 정규직과 비정규직으로 나뉘며, 근로소득자는 고정된 시간에 근무하고 고정 금액을 정산받는 시스템이다. 하지만 긱 워커는 24시간 중에서 알아서 근무하고 임금도 긱별로 정산되기 때문에 받는 금액과 시점이 모두 다르다. 긱 워커를 비정규직으로 바라보는 경우가 있는데, 비정규직과도 다르다. 비정규직은 정규직으로 일하고 싶지만 여건이 되지 않는다는 점에서 기간제 근로자라고도 한다. 하지만 긱 워커는 기간제 근로자와는 다르게 자발적으로 한 회사에 얽매이고 싶어 하지 않는다는 점에서 매우 상이하다.

긱 워커가 주목받게 된 사회적 배경도 중요하다. 노동의 가치가 상실된 시대에 '노동'은 단지 '나'의 소비를 위한 수단에 불과하다. 그러므로 자신의 시간을 위해 노동하는 데 있어 긱 워커는 매력적인 직업이라고 할 수 있다. 경제적인 관점에서 본다면, 저금리 기조가 지속되고 부가가치로 인한 소득이 높아지는 시대에 미래를 위해 현재를 아껴 쓰는 것은 투자로 받아들여지지 않는다. 노동을 통해 자본을 축적할 수 있는 시대가 아닌 사회에서 미래를 위해 현재를 희생하는 것은 현재를 살아가고 있는 사람들에게 거부

II 사회 이슈 **85**

긱 이코노미, 함께 써보기 / PART 3 / 해커스공기업 논술

감을 준다.

위에서 언급한 것과 같이 플랫폼 노동시장에 대한 논술을 쓸 때 긱 이코노미 현상만 이야기하면 안 된다. 왜 이러한 현상이 일어났는지를 이야기하는 것이 자신의 논술을 다른 사람의 것과 차별화할 수 있는 포인트가 된다. 혹은 자본과 노동의 관계 변화에 대해 좀 더 본질적이고 철학적으로 접근해도 좋다.

2. 프로테스탄트 윤리와 자본주의

자본주의에 대해 고찰한 학자 중에 막스 베버(Max Weber)라는 학자가 있다. 베버는 『프로테스탄티즘 윤리와 자본주의정신』에서 청교도 의식이 가진 '소명의식'과 '금욕 정신'이 지금의 자본주의를 만들었다고 주장했다. 이는 20세기부터 '천직'이라는 것이 우리들에게 어떤 관념으로 작용했다는 것이다. 이러한 관념에서 출발한 이 사상은 '근면한 노동자는 자본을 축적해서 잘 살 수 있다.'라는 믿음을 주었고, 이 믿음에 따라 노동자는 더 열심히 일했다. 이러한 사상이 기업과 노동자를 구분 짓게 했고, 상하관계를 만들어 냈으며, 소위 '착한 노동자(혁명하지 않는 노동자)'를 생산했다.

하지만 20세기 후반이 되면서 여성의 사회참여가 늘어났고, 대부분이 노동자가 되었다. '생산의 풍요' 시대로 접어든 것이다. 여기에서 문제가 생겼다. 노동하는 사람이 늘어나니 소비하는 사람이 줄어든 것이다. 기업은 이를 타개하기 위해 질 좋고 값비싼 '프리미엄 제품'을 등장시킨다. 즉 소비하는 시간이 짧거나 많은 제품을 사지 않아도 이윤을 창출할 수 있는 시스템으로 바뀐 것이다. 인류의 생산과 소비는 계속 이렇게 흐르는 듯했다.

2008년 서브프라임 모기지 사태 이후로 인류의 생산과 소비 패턴은 바뀌게 된다. 우리는 기존의 금융시스템을 믿지 못하게 되었고, 전 세계는 저성장의 시대로 흘러갔다. 10년 전의 유럽을 생각해 보자. 독일과 프랑스를 제외하고 그리스는 유로존 탈퇴 직전까지 갔고, 스페인의 청년 실업률은 50%에 육박했다. 미국 역시 양적완화를 통해 금융시스템을 안정화하는 데 여념이 없었고, 미국 기업은 생산을 거의 멈췄다. 저성장이 평범화되어 가는 '뉴 노멀(New Nomal)'의 시대로 접어든 것이다. 이때부터 사람들은 자신만의 가치 있는 '소비'를 찾게 되었다. 또한 '소유'라는 개념에서 벗어나 '공유'라는 개념을 가진 공유경제가 생겨났다. '집카(Zip Car)', '에어비앤비(Airbnb)' 등이 대표적인 기업이다. 기업도 여기에 발 빠르게 대처해 나갔다. 소비 트렌드를 분석하고, 거기에 맞는 제품들을 출시했다. 저가의 프리미엄 제품들이 등장한 것이다.

이러한 배경에서 탄생한 것이 바로 긱 이코노미이다. 노동으로는 더 많은 자본을 축적할 수 없게 되자 금융 자본을 통해 자본의 축적이 이루어지는 현상이 일어나면서 노동은 더 이상 숭고한 대상이 아닌 수단이 되었기 때문이다.

위와 같은 플랫폼 노동시장에 대한 배경을 쓰고 나면 고민이 생긴다. 이 논제에서 사회와 공공기관의 역할을 기술해야 하기 때문이다. 이때 절대로 긱 워커나 긱 이코노미를 부정해서는 안 된다. 물론 긱 이코노미는 노동환경의 질적 하락과 같은 노동문제에 대한 논의가 있지만 하나의 사회적 현상이고, 이것이 없어지지는 않을 것이기 때문에 긱 이코노미를 부정하는 글을 쓰는 것은 지양해야 한다.

3. 플랫폼 노동시장의 사회적 역할

아직 긱 워커를 좋지 않은 시각으로 바라보는 경우가 많다. 또한 아르바이트하는 것 정도로 생각되다 보니 긱 워커는 노동환경의 사각지대에 놓여 있다. 지금까지 많은 노동자의 희생을 통해 노동자의 권리는 신장하였다. 하지만 현재 긱 워커의 노동 권리는 인정받지 못하고 있는 것도 사실이다. 그 이유는 집단화된 전문조직인 기업과 정규직과 같은 전통적이고 정형화된 고용관계의 체결이 아니기 때문이다. 기업은 노동자의 권리를 보호해 주지 않아도 되며, 긱 워커도 이를 바라지 않는다. 여기에서 더 나아가면 노동자의 권리가 상실되어 가는, 노동자의 '각자도생' 시대가 왔다고도 할 수 있다. 이러한 노동자의 권리를 지켜줘야 한다는 사회적 인식이 필요하다. 예를 들어, 긱 워커를 위한 새로운 사회보장제도와 관련하여 산업재해보상 대신 보험에 대한 논의가 이루어져야 한다.

긱 노동시장이 발전한다고 하더라도 전통적인 고용관계의 노동시장이 소외되면 안 된다. 긱 노동시장이 나타난 것은 노동시장의 다양화로 해석해야 한다. 그러므로 한쪽에서는 고용의 안정성을 만들어야 하는데, 이러한 역할을 하는 것이 공공기관이다.

노동시장에 대해 이야기할 때, 공공기관의 역할은 두 가지이다. 하나는 산업의 마중물 역할을 하는 것이고, 다른 하나는 고용의 안정성을 통해 사회적 안전망을 구축하는 것이다. 따라서 논술을 쓸 때, 본인이 지원하는 공공기관이 SOC나 금융권에 가깝다면 산업의 마중물 역할을 해야 한다는 방향으로 써야 하고, 사회·고용·복지와 관련된 공공기관이라면 사회적 안전망을 갖춰야 한다는 내용을 이끌어 내야 할 것이다.

배경지식 강의 바로 가기 ▶

〈논 제〉

플랫폼 노동시장이 급증하면서 산업에 대한 변화도 일어나고 있다. 이에 따른 사회와 공공기관의 역할에 대해 자신의 생각을 논술하시오.

---

❶ 개요

서론	플랫폼 노동시장의 성장 배경

본론	• 긱 이코노미의 개념과 특징
	   - 긱 이코노미의 의미와 구조
	   - 긱 이코노미 주체의 특징
	• 긱 이코노미의 성장 배경
	   - 기계의 발명, 여성의 노동참여 확대
	   - 노동가치의 상대적 절하

결론	• 긱 이코노미 환경에서 필요한 사회의 역할
	   - 긱 이코노미에 대한 올바른 인식 정립
	   - 긱 워커의 권리에 관한 논의 필요
	• 긱 이코노미 환경에서 필요한 공공기관의 역할
	   - 산업 간 연계 담당자로서의 역할
	   - 사회적 안전망을 구축하는 역할

❷ 모범답안

플랫폼 노동시장의 성장은 노동에 대한 인식과 산업구조의 변화에 기인한다. 즉 이제 더 이상 가정에서 회사로 물리적인 이동을 한 후 일정 시간 동안 주어진 직무를 수행하는 과정을 노동의 전형적인 형태로 생각하지 않는 것이다. 그리고 이러한 방식의 노동행위가 반드시 필요하지 않게 된 산업구조 역시 플랫폼 노동시장의 성장에 기여했다.

이와 같은 현상으로 인해 긱 이코노미가 공고해졌다. 긱 이코노미는 필요에 따라 일을 맡기고 구하는 경제 형태로 긱 이코노미의 경제주체는 소비자와 긱 워커, 그리고 이를 연결해주는 플랫폼이다. 이는 기존의 노동시장과는 다른 양상을 보이는데 긱 워커는 근무 시간과 근무 내용이 각각 다르고 임금 역시 긱별로 정산되기 때문에 임금의 규모도 다르고 임금 지급 시기도 다르다. 이는 정규직을 대체하는 인력이라는 의미의 비정규직과도 의미가 다르며, 노동력을 제공하는 사람들이 소속감이나 부자유를 거부한다는 점에서 특징이 있다.

그러나 이러한 긱 이코노미는 거시경제의 변화와 더불어 발생한 인류의 소비와 생산패턴의 변화로 인해 어쩔 수 없이 생겨난 측면이 있다. 즉, 17세기 산업혁명, 20세기 여성의 사회참여 증가는 생산의 풍요를 가져왔고, 이후 전 세계 정치·사회 문제가 결합하면서 노동의 가치가 계속 절하되었기 때문이다. 금융 자본의 위상이 상대적으로 높아지면서 노동으로는 더 이상 이전만큼의 자본 축적이 불가능해졌고, 이 과정에서 노동의 신성성이 사라진 채 당장의 수단으로 자리 잡은 것이다.

그럼에도 불구하고 이 모든 변화는 시대적 흐름의 일부이므로 긱 이코노미 환경에서의 바람직한 방향 설정 및 실천이 필요하다. 무엇보다도 긱 이코노미에 대한 올바른 인식 정립이 필요하다. 긱 이코노미하에서 긱 워커는 임시, 불완전한 인력이 아닌 소비자에게 재화와 서비스를 제공하고 대가를 받는 경제주체로 인정받아야 한다. 또한 긱 워커의 권리에 관한 논의가 시작되어야 한다. 전통적이고 정형화된 고용관계가 아닌 새로운 방식의 노동을 제공하는 주체로서의 권리가 제도적으로 보호되어야 하는 것이다.

우리 사회에서 노동시장의 한 축을 담당하고 있는 공공기관 역시 새로운 경제구조 변화를 자연스럽게 연계하는 역할이 필요하다. 즉 전통적 고용관계가 필요한 분야에서의 노동시장이 소외되지 않도록 기존 산업과 새로운 산업 간의 마중물로 기능해야 하며, 서로 다른 이해관계 속에 있는 소비자와 노동자가 모두 완벽한 시스템하에서 경제주체로서 활동할 수 있도록 사회적 안전망 구축에 힘써야 할 것이다.

합격 꿀 Tip

내가 어떤 기업에 지원하느냐에 따라 답안의 내용은 얼마든지 달라질 수 있고, 달라져야 합니다. 즉, 경제 전반의 문제를 다룰 때에도 관점에 따라 소비자 또는 생산자 어느 한쪽에 무게 중심을 실을 수 있지요. 기계적 중립을 지켜야 한다는 압박감으로 양측의 관점을 나열할 경우 내용상 모순이 발생할 수 있으니 주의해야 합니다.

📝 실력 플러스 노트

사회 이슈 논술 문제를 푸는 핵심 포인트를 확인해 보세요.

1. 사회 이슈와 관련된 논술은 현재 상황을 정확하게 이해하고 사회의 본질적인 부분에 대해 기술했을 때 높은 점수를 받을 수 있다.

2. 사회 이슈는 거시적인 범위에서 미시적인 관점으로 접근해야 한다. 예를 들어 노동의 양극화는 노동의 변화와 노동의 본질에 대해 먼저 이야기하고 그 뒤에 현상에 대해 기술한다면 차별화된 논술이 될 수 있다.

3. 사회 이슈와 관련된 논제로는 MZ세대 이외에도 MZ세대가 사용하고 있는 '메타버스 플랫폼'과 관련된 내용이 나올 가능성이 크다. 특히 문화와 관련된 공공기관인 서울문화재단이나 금융권에서 나올 가능성이 있다.

4. 플랫폼 노동시장과 MZ세대의 특징을 연관 지어 나올 수 있는 논제로는 긱 이코노미 현상이나 긱 워커 현상이 있다. 이외에도 이직률이나 퇴사율이 증가하고 있는 점을 이슈화하여 논제가 나올 수 있다.

5. 메타버스와 관련해서는 현상뿐만 아니라 철학적인 주제도 이야기할 수 있다. 가령, 장 보드리야르가 이야기한 '기호소비 사회' 개념을 적용한다면 메타버스의 본질을 잘 기술할 수 있다.

6. 메타버스와 관련하여 앞에서 다룬 NFT와 연결해 논제가 나올 수 있으므로 '제페토' 등에서 거래되는 재화를 분석해 논술을 준비해야 한다.

7. 긱 워커와 관련된 논제는 사회적 안전망 및 복지와 연결시킬 수 있어야 하며, 복지에 대한 내용을 이해하고 있다면 좋은 논술을 쓸 수 있다.

8. 이외에도 지역소멸 대응, 기후변화 대응, ESG경영과 관련된 내용이 나올 수 있으므로 이에 대한 현상도 계속 주시하는 것이 좋다.

Ⅲ 회사 관련

1 모빌리티 산업

IBK기업은행, KDB산업은행, 인천국제공항공사, 서울산업진흥원 출제 예상

STEP 1 논제 공략하기

> **〈논 제〉**
> 모빌리티 산업의 변화와 우리 공사의 역할에 대해 자신의 생각을 논술하시오.

이와 같은 논제가 나올 수 있는 공공기관은 KDB산업은행, 서울산업진흥원 등 기업을 지원하는 공공기관으로 한정되어 있다. 산업과 관련된 공공기관이라면 제조업의 동향도 논제로 나올 수 있다. IBK기업은행이나 KDB산업은행 등에 지원하고자 한다면 모빌리티 산업뿐만 아니라 신재생에너지(에너지 전환), UAM(도심형 항공교통), 스마트시티와 관련된 내용도 공부해 두는 것이 좋다.

일단 모빌리티 산업에 대한 논술을 쓰기 위해서는 모빌리티 산업의 정의를 이야기해야 한다. 또한 이동수단이 인류의 산업에 어떻게 기여했는지까지 쓴다면 더욱 좋은 논술이 될 수 있다.

1. 인류의 이동수단의 변화

인류에게 있어 이동수단은 매우 중요한 것이었다. 이동수단을 통해 교역이 이루어졌고, 인류문명을 발전시켜왔다. 인류에게 있어 이동이라는 것은 단순한 공간의 변화가 아닌 문명의 확장을 의미한다. 그래서 도시가 생기면 도로가 만들어지는 것이다.

걷는 이동만 있었을 때 인류문명은 수렵과 채집에 의한 문명이었다. 그러면서 좀 더 빠르고 확장성이 있는 이동수단이 만들어졌다. 처음에는 동물과 자연의 힘을 이용한 이동수단이었지만 산업혁명 이후 '이동'은 더욱 가속화되고 확산되기 시작한다. 2차 산업혁명을 통해 대량생산 체제가 만들어지고, 석유·화학, 조선, 철강, 자동차 등의 중공업이 발전하였다. 이런 산업사회는 인류에게 다시없는 풍요로움을 가져다주었고, 경공업 중심에서 중공업 중심의 산업사회로 변화하였다. 이 중 '자동차'는 개개인이 이동의 권력을 가지는 수단이 되었고, 인간의 이동을 자유롭게 만들어 주었을 뿐만 아니라 인류의 사고 확장, 문명의 확장과 혼합도 이루어지게 하였다. 즉 운전이라는 자발적이고 능동적인 행위를 통해 다른 가치를 만들어내는 것이 가능해진 것이다.

2. 자동차 산업이 아닌 모빌리티 산업

지금까지 자동차 산업, 비행기 산업, 로봇공학 등 움직일 수 있는 대부분의 것은 영역이 세부적으로 나뉘어 있었는데, 이는 인프라가 전혀 다르고 공학적 시스템이 다르기 때문이다. 그런데 자동차 산업을 중심으로 이런 부분이 재편되고 있다. 기후변화 대응과 에너지 산업의 전환으로 인해 전기자동차와 수소자동차가 각광받기 시작했고, 이에 대한 기술을 자동차 시장이 가지게 된 것이다. 이에 각종 이동수단에서도 수소 혹은 배터리에 대한 니즈가 발생하기 시작하였고, 자동차 산업에 종사하는 기업들은 자신들이 가지고 있는 기술의 확장과 더불어 선박, 드론, 로봇까지도 자신들의 영역으로 끌어들이고 있다.

자동차가 우리 생활권에 있듯이 이제 움직이는 모든 것은 우리의 생활권 안으로 들어오게 된다. 즉 이제 자동차 산업이 아닌 모빌리티 산업으로 변화하고 있고, 이러한 모빌리티 산업은 우리의 생활에 막대한 영향을 줄 것으로 보인다.

이렇듯 모빌리티 산업에 대한 변화와 현상에 대해서만 쓰면 더 이상 쓸 만한 내용이 없을 것이다. 또한 공공기관의 역할에 대해서도 '투자를 해야 한다.'라는 말을 제외하면 쓸 수 있는 것이 없다. 그렇기 때문에 먼저 인류의 이동 변화와 문명의 변화에 대해 기술해야 한다. 그래야 현재 자동차 산업에서 모빌리티 산업으로 변화된 이유와 뒤에 나올 기대 가능한 모빌리티 산업의 미래 모습을 기술하고 이에 대한 공공기관의 역할에 대해 쓸 수 있다.

3. 미래 모빌리티 산업의 변화

앞으로 미래 모빌리티 산업은 어떻게 변화할 것인가? 자율주행자동차의 문제가 아니라 모빌리티 산업의 변화가 일어나면서 공간이 변화하고 우리의 생활이 변화한다. 이동이 변화하면 어떤 사회가 될 것인가? 지금까지의 도시는 기능주의적인 도시이다. 기능주의적인 도시에서는 도로에 주목해야 하는데, 이러한 도시에서는 도로를 차가 다니는 도로와 사람이 다니는 도로로 구별한다. 차들은 건물들 앞에 나와 있다. 이는 유통이 잘되기 위해서이다. 건물 앞으로 넓은 도로가 만들어지고 도시와 도시, 건물과 건물을 연결하는 또 다른 우회도로가 만들어지는데, 이는 고속도로일 수도 있고, 고가도로일 수도 있다. 그 건물 뒤로 사람이 다니는 도로가 존재한다. 여기에는 차들이 들어오기 힘들다. 이 도로에 아케이드❶가 존재한다. 양옆에는 눈에 잘 들어오는 음식점과 브랜드가 넘쳐난다. 차들이 지나가면서는 볼 수 없는 공간이 펼쳐지는 것이다. 이러한 공간에서 도시는 문화의 혼종을 잉태한다. 문화의 혼종은 호미 바바(Homi K. Bhabha)라는 학자가 이야기한 개념으로, "순수한 문화는 없으며 문화는 늘 끊임없이 뒤섞여 나타난다."라고 주창한다.

결국 교통은 문화의 혼종을 만들어내고 다양한 문화와의 교류를 만든다. 여기에 모빌리티는 우리의 생활 속으로 들어온다. 로봇이 우리의 생활권으로 들어오고, 드론은 대중교통으로 이용될 것이다. 또한 자율주행자동차가 돌아다니며 유통과 이동구조가 바뀌게 될 것이다. 드론은 도시와 도시를 연결하며 도시 간 문화의 교류와 산업의 교류가 일어나게 된다. 이러한 사회를 앞당기고 정착시키기 위해 대규모의 투자가 이루어지게 되는데, 이는 공공기관의 투자에 의해 민관이 교류하고 협력하면서 발전시켜야 한다.

모빌리티 산업에서 빠질 수 없는 것이 인프라 투자이다. 이러한 인프라 투자에는 민간기업이 감당할 수 없을 정도의 대규모 자본이 들어가는데, 공공기관이 이러한 역할을 해야 한다. 예를 들어 서울산업진흥원은 이와 관련된 부품 산업에 대한 지원이나 재생에너지 확대, 충전소 증가 등의 인프라 투자가 필요하다.

위에서 정리한 바와 같이 모빌리티의 변화는 우리 삶의 공간을 변화시키고 문화를 변화시킨다. 즉 새로운 혁명의 물결이 만들어지는 것이다. 그러므로 공간의 변화와 이로 인해 나타나는 현상까지 적어 주는 것이 좋다. 그래야 모빌리티의 변화에 대한 당위성이 드러나기 때문이다. 산업의 변화에 대한 논술을 쓸 때 가장 중요한 것은 '산업이 필요한 이유'이다. 산업의 변화는 하나의 이슈로 끝나는 경우도 많기 때문에 왜 이것이 지속 가능한 산업인지를 밝혀 주는 것이 필요하다. 이것이 기술되어야 공공기관의 역할(투자)에 대해 정확하게 쓸 수 있다. 공공기관은 대부분 인프라 투자나 채권 발행을 통해 대규모의 자본을 확보하여 산업의 발전을 이끄는 마중물 역할을 한다. 그러므로 이 부분에 대해 작성하고 본인이 지원하는 공공기관의 사업에 대해 기술하는 것이 좋다.

❶ 복도나 통로를 덮은 형태로써 기둥이나 피어(Pier)로 지지하는 아치의 연속된 형태이다. 과거에는 죽 늘어선 기둥 위에 연달아 시설된 아치의 무리 또는 아치로 둘러싸인 공간을 말했으나, 현재는 지붕이 달린 상점가, 한편 또는 양편에 상점 등이 있는 통로를 말한다. 여기에서는 양편이 상점으로 둘러싸인 공간이라는 뜻으로 쓰였다.

배경지식 강의 바로 가기 ▶

<논 제>

모빌리티 산업의 변화와 우리 공사의 역할에 대해 자신의 생각을 논술하시오.

❶ 개요

서론	이동수단으로써의 자동차의 발전과 개념 재정립의 필요 확인
본론	• 자동차의 발전에 따른 산업구조의 변화 - 자동차 산업의 범주 변화 - 이동수단을 아우르는 모빌리티 산업의 탄생 • 자동차의 발전이 가져온 우리 삶의 변화 - 문화의 혼종 - 문화의 교류
결론	• 모빌리티 산업의 발전에 따른 공공기관의 역할 - 문화의 혼종에 따른 부작용을 대비할 수 있는 시스템 마련 - 신기술, 신산업에 대한 선제적 투자로 긍정적인 파생효과 확대

❷ 모범답안

동물이나 자연의 힘을 빌리는 방식으로 이동을 하던 인류가 2차 산업혁명 이후에는 기계를 이용해서 보다 빠르고 자유로운 이동이 가능해졌다. 그리고 이 과정에서 자동차는 지구상의 모든 생명체 중에서 인간의 권력을 강화하는 도구로 자리 잡았다. 이후 기술 발전 정도에 따라 자동차 또한 그 성능 면에서 비약적인 발전을 이뤄왔다. 그러나 전기자동차의 등장은 자동차라는 대상에 대한 개념 정립을 다시 한번 필요로 했다. 내연기관을 바탕으로 인간의 이동을 돕는 기계라는 자동차의 개념에 근본적인 변화와 확장이 필요해졌기 때문이다.

내연기관이 아닌 전력을 이용한 자동차는 자동차 산업을 가전 산업의 영역으로 옮겨 놓았다. 즉, 더 이상 자동차는 별도의 산업이 아니라 우리가 일상생활에서 사용하는 냉장고, 세탁기와 다를 바 없는 가전제품의 일부가 된 것이다. 따라서 기존의 다른 가전제품에서 기대하는 변화와 지향을 자동차에서도 요구하게 되었다. 또한 기존에는 명료하게 구분되어 있던 자동차, 비행기, 선박과 같은 이동수단 분류가 무의미해지고, 드론, 로봇과 같은 대상도 모빌리티 산업으로 통합되는 결과가 발생했다.

이와 같은 변화는 두 가지 측면에서 우리 삶의 혁신적인 변화를 가져올 수 있다. 첫째, 문화의 혼종이다. 모빌리티 산업의 발전은 최우선적으로 인도와 차도의 구분을 없앨 수 있다. 자율주행기술과 드론이 발전하면 굳이 인간과 모빌리티가 다니는 길을 구분할 필요가 없어지기 때문이다. 이 과정에서 도로와 건물, 강과 산, 실내와 실외의 경계가 무너지고 인간의 머릿속에 있던 기존의 문화적 경계는 사라지게 될 것이다. 둘째, 문화의 교류이다. 모빌리티 산업의 발전은 교통의 개념을 혁신적으로 바꾸게 되며 이는 곧 무역과 유통의 엄청난 변화를 야기할 것이다. 따라서 도시와 국가, 대륙과 해양이라는 자연물이 더 이상 고정된 경계로 작동하지 못한다. 이는 문화 교류의 차원이 다른 양적·질적 확대를 의미하는 것이다.

따라서 이와 같은 모빌리티 산업의 발전에 따라 공공기관의 인프라 투자가 보다 적극적으로 이루어져야 한다. 문화의 혼종에 따른 부작용과 위험요소를 사전에 파악하고 이를 예방하는 것은 물론 선도적으로 바람직한 방향을 제시할 수 있는 인적·물적 서비스가 필요하다. 또한 민간영역에서 감당할 수 없는 신기술, 신산업에 적극 투자하여 모빌리티 산업에서 우위를 점할 수 있어야 여기에서 파생되는 다른 산업군의 변화에 선제적으로 대응할 수 있다. 결국 공공기관은 시대와 기술의 변화를 긍정적으로 활용할 수 있는 창구로써의 기능을 충실히 해야 한다.

합격 꿀 Tip

모든 기술의 발전은 기존의 삶을 더욱 편리하게 합니다. 그러나 이러한 기술의 발전이 혁신적으로 이루어지는 순간에는 기존의 생각에 변화가 있어야만 해당 기술의 발전을 이용할 수 있는 것이지요. 자동차가 더 이상 자동차가 아닌 순간이 오면 이 시대의 자동차란 무엇인가를 다시 생각하는 것에서부터 생각의 방향을 설정해야 할 것입니다.

2 육류 소비 현상

한국농수산식품유통공사, 농협은행, 농협중앙회 출제 예상

STEP 1 논제 공략하기

> ⟨논 제⟩
> 전 세계적으로 육류 소비가 증가하면서 육류 공급 부족 현상이 계속되고 있다. 이 과정에서 발생할 수 있는 문제점과 해결방안을 논술하시오.

본 논제는 몇 년째 꾸준히 주목받고 있는 논제 중 하나이다. 2017년부터 전 세계적으로 육류 소비가 급격히 증가하면서 육가공품에 대한 공급 부족으로 인해 육류 가격이 상승하고 있기 때문이다. 그러므로 이 논제에 대해 쓸 때 육류 수요 증가의 원인과 이에 따른 문제점을 함께 이야기하는 것이 좋다. 이때 주의할 점이 있는데, 문제점을 적을 때 '육식은 현대인의 건강에 좋지 않다.'와 같은 방향으로 논제를 이끌어 가면 안 된다는 점이다. 논술은 개인적인 문제뿐만 아니라 사회·경제·문화적인 요인을 함께 고려해서 써야 좋은 논술이라고 할 수 있다.

1. 육류 소비의 증가 원인

육류 소비는 전 세계적으로 꾸준히 증가하고 있다. 경제성장과 더불어 여가 생활의 증가로 인해 육류 소비가 증가했고, 냉장과 냉동기술이 발전하면서 육류를 장기간 보관할 수 있게 되어 육류 소비가 증가했다고도 볼 수 있다. 실제로 한국은 1970년대부터 현재에 이르기까지 육류 소비가 10배 이상 증가했다. 1970년 5.3kg에 불과했던 1인당 육류 소비량이 2014년에 이르러서는 51.3kg으로 증가한 것이다.

이에 대한 원인으로는 국민소득의 증가가 있다. 국민소득이 증가하면서 외식문화가 발달하였고, 대부분의 외식의 첫 번째 순위는 육류 소비에 있기 때문이다. 그 외에도 무역자유화로 인해 육가공품의 수입이 증가한 것도 원인으로 볼 수 있는데, 다양한 육가공업이 발전하면서 다양화된 제품을 섭취할 수 있게 되어 육류 소비가 증가하였다. 또한 코로나19로 인해 '집밥'의 소비가 증가하고 신선식품의 온라인 구매가 대중화된 것도 원인 중 하나이다. 물론 건강한 식단 관리를 위해 채식 위주의 식단을 하는 것이 유행이라고 하더라도 육류 소비의 증가는 막을 수 없는 추세이다.

2. 육류 소비 증가의 문제점

육류 소비의 증가는 일단 가격통제의 문제가 있다. 육류는 기본적으로 비탄력적인 제품에 속한다. 비탄력적인 제품은 공급이 조금만 부족하거나 남으면 가격이 폭등하거나 폭락하게 된다. 즉 육류 소비가 기하급수적으로 늘어나 공급이 부족해지면 육류 가격이 폭등하고, 반대로 농가를 지원하여 육류에 대한 공급을 늘리면 육류 가격이 폭락하여 농가에 피해를 끼치게 되므로 적절한 수요와 공급의 조절이 필요하다. 곡물 가격 상승에 따른 사료 가격의 폭등 또한 가격을 통제할 수 없는 원인이 되기도 한다.

또한 기후변화 대응에도 문제가 있다. 지금의 축산업은 집단 사육을 기본으로 한다. 이에 따른 오물 처리와 에너지 수급도 문제점 중 하나이다. 오물을 처리하는 데 들어가는 에너지를 신재생에너지로 전환하는 데 대규모 자본이 필요하기 때문이다.

이 논제의 핵심 중 하나는 위에서 지적한 문제점에 대해 완벽한 해결방안을 내어놓아야 하는 것이 아니라는 점이다. 오히려 공급을 늘리는 데 있어, 어떻게 하면 가격을 통제할 수 있을지에 대한 방안과 농가에 대한 지원방안을 구체적으로 제시해야 한다.

이와 관련하여 '육류가공업의 육성과 국내 종자 산업과 관련해서 논술하시오.'라는 주제가 출제된 적이 있다. 만약 이런 주제라면 몬센토라는 기업이 종자 산업에 미치는 영향과 배양육에 관련된 내용을 토대로 기술되어야 하나, 본 논제는 농가에 대한 직접적인 지원방안을 제시하는 것이 중요하다.

3. 농가 지원방안

축산업에서 필요한 것 중 하나가 공급의 조절이다. 공급이 제대로 조절되지 않는다면 가격의 통제는 전혀 이루어질 수 없다. 그러므로 농업에서도 대규모의 온디맨드(On-Demand) 경제정책이 필요하다. 온디맨드란 수요자가 원하는 상품을 시간과 공간에 맞게 제공받는 것을 의미하는데, 공급자는 수요자가 원하는 것을 준비된 상태에서 적절하게 제공하기 위해 빅데이터와 인공지능 등을 활용하기도 한다. 즉 농가의 유통망과 소비자의 니즈를 파악하여 빅데이터화하는 작업이 필요하다. 농업은 생산에서 유통까지 모두 조절할 수 있는 유일한 6차 산업이라고 할 수 있다. 그러므로 수요와 공급의 조절을 위해 빅데이터 구조를 활용할 수 있도록 인프라 시설을 확충하는 방안을 마련해야 한다.

다음으로 농업에너지의 독립이 필요하다. 축산업은 시설 농업이므로 사용되는 에너지에 대한 비용부담이 크다고 할 수 있다. 그러므로 분산형 에너지인 재생에너지를 통해 비용부담을 줄이고 시설 농업을 확장해 나가야 한다.

위와 같은 논제는 농협, 한국농수산식품유통공사에서 출제될 가능성이 가장 높다. 농업, 특히 축산업은 유통시스템의 발전이 필요하므로 이러한 기업이 유통망을 통해 빅데이터화하고 유통시스템을 활성화해야 한다는 내용을 기술한다면 더욱 좋은 논술이 될 수 있다.

배경지식 강의 바로 가기 ▶

〈논 제〉

전 세계적으로 육류 소비가 증가하면서 육류 공급 부족 현상이 계속되고 있다. 이 과정에서 발생할 수 있는 문제점과 해결방안을 논술하시오.

---

❶ 개요

서론	육류 소비 증가와 배경
본론	• 육류 소비 증가의 문제 　- 가격통제의 문제 　- 환경파괴의 문제 • 해결책 　- 온디맨드 방식을 활용한 공급조절시스템 마련 　- 친환경 에너지로의 전환
결론	농축산업의 의의와 발전안에 관한 제언

❷ 모범답안

전 세계 육류 소비는 지속적으로 증가하는 추세이다. 한국의 경우 1970년대부터 2010년대까지 약 10배가량 증가했다. 이와 같은 육류 소비 증가는 냉장·냉동기술의 발전과 국민소득 증대를 원인으로 들 수 있다. 또한 무역자유화로 인한 육가공상품의 수입이 확대된 것도 육류 소비 증가의 요인이다.

그런데 이와 같은 육류 소비 증가는 두 가지 측면에서 문제가 있다. 첫째는 가격통제의 문제이다. 육류는 비탄력적인 상품이므로 공급이 원활하지 않으면 가격상승 폭이 매우 커진다. 이는 곧바로 소비자의 불만으로 이어지고, 축산농가에도 치명적인 영향을 주기 때문에 즉각적인 지원책을 펼 수밖에 없다. 그러나 이와 같은 지원으로 인해 공급이 늘게 되면 가격이 폭락하여 이전과는 반대의 문제가 발생한다. 또한 축산업은 사료의 원료가 되는 곡물 가격에도 큰 영향을 받기 때문에 가격통제 변수가 다양하다는 측면에서도 난점이 있다. 둘째는 환경파괴의 문제이다. 축산업은 기본적으로 집단 사육을 전제로 하기 때문에 이 과정에서 발생하는 오물 처리와 과도한 에너지 사용의 문제가 있다. 현재 시점에서는 경제적 측면에서 이를 해결할 수 있는 합리적인 대안이 마련되지 않은 상황이라 토양오염, 수질오염 등을 가속한다는 점에서 비판의 대상이 되고 있다.

이와 같은 문제를 해결하기 위해서는 먼저 온디맨드 방식을 바탕으로 정교한 공급조절시스템을 갖춰야 한다. 육류는 소비량이 큰 폭으로 달라지기는 어려우나 공급량이 일정치 않아 가격의 통제가 되지 않는 경우가 많다. 따라서 빅데이터와 인공지능을 활용하여 유통망과 소비자 니즈 분석을 정확히 하고 이에 맞는 적절한 공급조절이 이루어질 수 있도록 인프라 시설을 확충해야 한다. 또한 농업에너지 독립이 필요하다. 축산농가의 여러 발전시스템 및 오물 처리 시스템 등에서 사용하는 에너지를 분산형 에너지인 재생에너지로 전환하여 비용부담 절감은 물론 축산업이 친환경 산업이 될 수 있도록 시설 농업을 확장시켜야 한다.

농축산업은 생산에서 유통에 이르는 전반을 모두 통제할 수 있는 유일한 6차 산업이다. 따라서 4차 산업혁명의 꽃인 빅데이터, AI 기술을 적극 활용하여 보다 장기적이고 근본적인 발전방안을 마련하는 데 힘써야 할 것이다.

합격 꿀 Tip

농축수산업과 같은 1차 산업은 IT정보통신기술산업에 비해 후진적이고 원시적인 느낌이 들지만 오히려 IT 기술 집약이 가장 필요한 산업분야라는 인식이 필요합니다. 또한 1차 산업이야말로 우리 삶에 가장 직접적이고 큰 영향을 준다는 점에서 장기적인 관점의 해결책과 대안이 제시되어야 함을 잊지 마세요.

3 식량안보

한국농수산식품유통공사, 한국무역보험공사, 농협은행, 농협중앙회 출제 예상

STEP 1 논제 공략하기

> **〈논 제〉**
> 식량안보 문제가 대두되고 있다. 식량 수급을 안정시키기 위한 대응방안에 대해 논술하시오.

식량안보에 대한 논제는 농협, 한국농수산식품유통공사 및 무역과 관련된 공공기관에서 나올 가능성이 높은 논제이다. 우크라이나-러시아 전쟁 이후 농업은 전 세계적으로 주목받고 있는 산업 중 하나이다. 식량 위기에 대한 가능성은 대두되었지만 우크라이나-러시아 전쟁으로 인해 곡물 가격이 상승하자 식량 위기가 가시화되고 있다. 그러므로 이 논제의 경우 가장 먼저 식량안보가 왜 중요한지에 대한 내용이 나와야 하며, 현재 농업의 문제점에 대해 서술해야 한다.

1. 식량안보가 중요한 이유와 현재 농업의 문제점

국제적 차원에서 식량안보는 에너지 안보, 기술안보만큼이나 중요하다. 대부분 식량안보에 대해 잘못 알고 있는 경우가 많은데, 식량안보는 인구 증가, 천재지변, 전쟁 등을 고려하여 식량을 확보하는 것을 말하므로 자급자족률을 늘려야 한다는 내용만을 기술해서는 안 된다. 예를 들어 현재 한국의 쌀 자급자족률은 110% 이상이다. 즉 식량안보는 자급자족률의 문제가 아닌 가격의 문제가 되는 것이다. 이는 식량의 인플레이션을 중심으로 전 세계의 인플레이션 현상이 나타나는 계기가 된다. 따라서 식량 위기는 경제 위기로 이어질 수 있다고 생각해야 한다.

역사적인 부분을 보아도 식량안보는 중요하다. 1991년 소련이 붕괴된 데는 서방사회의 식량 봉쇄의 영향이 컸다. 미국 등이 곡물 금수조치를 내리면서 1,700만 톤의 밀과 옥수수 공급이 막혔고, 결국 소비에트 연방은 해체되었다. 북한이 국제사회의 강력한 경제제재에도 버틸 수 있는 것은 75%를 웃도는 식량 자급률 때문이라는 이야기도 나온다. 대부분의 국가는 2007~2008년에 세계적인 식량 위기를 겪었다. 그 이후 식량(Food)은 무기(Fire), 연료(Fuel)와 함께 국가의 필수적인 3F로 불리고 있다. 우리나라도 쌀 자급자족량을 제외하고는 수입 농산물 중심의 글로벌 공급망에 의존하고 있다. 특히 가공식품은 수입 원료 의존도가 68.5%로, 글로벌 공급망에 문제가 발생할 경우 식품 산업이 막대한 타격을 입을 뿐만 아니라 국민의 먹거리 안보도 위협받을 수 있다. 동북아 주변 정세도 식량 확보와 관련해 많은 위험 요소가 도사리고 있다.

위에서 본 바와 마찬가지로 식량안보가 중요한 이유와 농업의 문제점은 연결되어 있다. 이러한 문제점을 해결하기 위해 해결방안을 먼저 제시하는 것이 아니라 현재 공공기관이나 정부가 취하고 있는 조치에 대해 이야기해야 한다. 그 이유는 현재 하고 있는 것이 나타나야 대응방안에 대해 이야기할 수 있기 때문이다.

2. 현재의 식량 위기에 대응하는 정부와 민간기업

미래 식량 위기에 대한 가능성이 대두되면서 민간기업에서도 농업 혁신 부문에 투자하고 있다. 특히 글로벌 IT기업들이 농업 분야에 투자하면서 정밀 농업, 자동화 농업 등에 대한 새로운 비즈니스 모델이 확산되었다. 국내에서도 대기업들의 농업 진출이 확대되고 있다. 특히 IT기업은 농산물 온라인 직거래 사업과 스마트 팜을 중심으로 투자하고 있으며, 독창적인 아이디어를 통해 발전하는 농업벤처 스타트업도 확산되는 추세이다.

이런 추세와 더불어 정부도 국가 R&D 투자와 산학협력 사업을 통해 농업을 고부가가치 산업으로 인정하며 기후변화 대응, 식량안보를 중심으로 투자와 지원을 확대하고 있다. 특히 최근 원예 분야와 축산 분야를 중심으로 스마트 팜이 도입되면서 생산비와 노동력이 절감되는 등의 다양한 효과가 나타나고 있다.

식량안보에 대응하기 위해 가장 중요한 것은 유통망의 다양성과 생산성의 향상이라고 대부분 이야기할 수 있다. 그리고 이 부분을 쓸 때 4차 산업혁명과 스마트 팜과 관련된 내용을 가장 많이 다룰 수 있을 것이다. 하지만 여기에서 주의해야 할 점은 단순히 '스마트 팜, 4차 산업혁명을 통해 해결해야 한다.'라고 해서는 안 되고, 방법을 구체적으로 제시해야 한다는 점이다.

3. 4차 산업혁명에서 미래의 농업 생산 기반

농업의 생산 기반을 발전시킬 수 있는 4차 산업혁명 기술은 4가지 정도로 축약할 수 있다. 첫 번째는 용수 자동화이다. 기후변화가 일어남에 따라 농업용수의 부족이나 물 조절 실패는 농업 생산성에 막대한 영향을 미칠 수 있다. 그러므로 한국수자원공사의 물관리 통합시스템과 스마트워터 시스템을 적극 활용할 필요가 있다. 스마트워터 시스템이란 기상자료를 빅데이터로 통합하여 용수를 적기·적소에 공급하고 관리할 수 있는 시스템으로, 농촌의 생태 환경 보전 측면에서 유리해 궁극적으로 용수 절감 및 대농민 서비스 향상에 기여할 수 있다.

두 번째는 스마트 팜의 보급이다. 미래의 농업 생산 시설은 고령화와 농업의 효율성 때문에 자동화 농기계 도입이 증가할 수밖에 없다. 고령화로 인해 노동력이 감소한 상태에서 농업의 효율성을 증가시키기 위해서는 반드시 스마트 농업 시설이 도입되어야 한다. 스마트 농업 시설은 크게 두 가지로 나뉜다. 하나는 자동화 농기계로, 로봇 농기계가 도입되면서 농도, 경지 등의 경작이 효율적으로 이루어질 수 있다. 또한 인체에 무해한 농약이나 자연친화적인 농법 등이 자동으로 관리되어 농촌 생태 환경에 도움을 줄 수 있다. 다른 하나는 시설 농업으로, 스마트 농업을 지원할 수 있는 재생 가능한 에너지나 통신망을 통한 통합 관리 시스템이 여기에 들어간다. 이 두 가지의 농업 생산 기반을 통해 앞으로 농업이 사양 산업이 되지 않도록 노력해야 할 것이다.

세 번째는 농업의 생산 기반이기도 한 농업의 에너지 독립이다. 현재 우리나라는 주로 시설 재배를 하고 있어 미래에 시설 농업의 생산은 전기에너지 등의 에너지에 대한 의존도가 더욱 높아질 것으로 예상된다. 특히 시설 농업에 사용되는 에너지는 비용부담이 크기 때문에 분산형 에너지인 재생에너지를 통해 비용부담을 줄이고 시설 농업을 확장해 나가야 한다.

마지막으로 유통시스템의 발전이 필요하다. 농업 생산성이 좋아지고 자동화된다고 하더라도 유통망이 제대로 구축되지 않으면 농업을 통한 소득의 증대를 꾀할 수가 없다. 농업은 6차 산업이라고 불릴 만큼 유통시스템을 활성화해 놓으면 생산에서 판매에 이르기까지 산업의 전 과정 처리가 가능하다. 그러므로 농협, 한국농수산식품유통공사 등을 통해 유통플랫폼을 만들어 놓는다면 발전 가능성이 있는 산업이 될 것이다.

위와 같이 미래 농업 생산과 관련된 내용을 구체적으로 작성하는 것이 좋다. 항상 그러하듯이 논술에서는 결론이나 해결방안, 기대효과를 구체적으로 제시해 주어야 좋은 점수를 받을 수 있다.

배경지식 강의 바로 가기 ▶

> **〈논 제〉**
> 식량안보 문제가 대두되고 있다. 식량 수급을 안정시키기 위한 대응방안에 대해 논술하시오.

❶ 개요

서론	식량안보의 의미와 의의
본론	• 전 세계적인 식량안보 상황과 우리나라의 식량안보 현황 및 문제 • 식량안보 문제를 해결하기 위한 방안 - ICT 기술을 이용한 생산성 향상의 노력 - 자동화와 플랫폼을 통한 유통시스템 발전의 노력
결론	• 식량안보 문제의 특징 및 중요성 • 민간기업보다 근본적이고 장기적인 정부의 대처 촉구

❷ 모범답안

식량안보란 인구 증가, 천재지변, 전쟁 등의 위협이 발생하더라도 식량의 생산 및 재고량을 일정 수준으로 유지하여 국민들이 충분한 식생활을 영위할 수 있도록 돕는 것을 의미한다. 식량(Food)은 무기(Fire), 연료(Fuel)와 함께 국가안보에 필수적인 '3F'로 불릴 만큼 국가운영과 국민생명 보호에 주요 요인이다.

실제로 전 세계 국가들은 식량안보를 지키기 위해 다양한 노력을 하고 있지만 다수의 국가는 식량안보 위험에 처해 있는 것이 사실이다. 우리나라도 쌀을 제외한 나머지 주요 곡물과 가공식품의 경우 대부분 수입에 의존하고 있어 식량 자급률이 50% 수준에 불과하다. 따라서 우리나라 역시 식량안보가 취약한 국가로 볼 수 있다. 그러나 이와 같은 자급률만으로 식량안보 문제를 분석하는 것은 적절하지 않다. 우리나라의 쌀 자급률은 이미 100%를 훌쩍 넘고 있으나 전 세계 쌀 수급량에 따른 영향을 크게 받기에 자급률이 충분하다고 해서 안정적인 쌀 공급이 지속된다고 보기는 어렵기 때문이다. 따라서 식량안보는 적절한 가격으로 안정적인 식량 공급이 가능한가의 문제로 보아야 할 것이다.

이는 자유무역 경제 체제하에서 식량안보 문제는 언제든 대두될 수 있는 것이며 또한 국내외 경제 위기로 이어질 수 있으므로 대비책이 마련되어야 함을 의미한다. 먼저 생산성 향상을 위한 노력이 필요하다. 결과적으로 식량 공급량을 얼마나 통제할 수 있는가가 식량안보의 출발점이기 때문이다. 이를 위해 ICT 기술을 이용한 스마트워터 시스템으로 농업용수를 관리하고, 스마트 팜 보급을 통해 농업의 효율성을 증대하는 전략을 꾀할 수 있다. 다음으로 유통시스템의 발전이 필요하다. 농업 생산성 향상이 확보된다고 하더라도 유통망을 충분히 확보하지 못한다면 안정적인 식량 공급이 불가능하기 때문이다. 이를 위해 생산에서 판매에 이르는 전 과정을 자동화하고 다양한 유통플랫폼을 갖추어 효율적인 공급체계를 마련할 필요가 있다.

식량안보 문제는 과학기술의 발전이나 우호적인 국제관계를 통해서 해결할 수 없는 성격이 강하고, 그로 인한 피해는 국민들에게 즉각적이고 위협적이라는 측면에서 무엇보다 우선적으로 다루어야 할 사안이다. 최근 민간기업에서도 농업 혁신 부문 투자와 더불어 농업벤처 스타트업도 확산되고 있는 추세이나 무엇보다도 정부의 R&D 투자와 산학협력 사업을 통해 농축수산업의 경쟁력을 강화해야 한다.

합격 꿀 Tip

'안보'라는 표현 자체가 국내에 국한될 수 있는 문제가 아님을 알 수 있는 단서입니다. 따라서 결국 기술 발전을 통해 국제 경쟁력을 갖추어야 한다는 방향성을 살려 해결전략을 세워야겠습니다.

4 기후변화 대응

인천국제공항공사, 한국소비자원, 해양수산과학기술진흥원, 한국환경산업기술원 출제 예상

STEP 1 논제 공략하기

> **〈논 제〉**
> 환경문제를 해소하기 위한 그간의 노력을 바탕으로 우리 공사가 나아가야 할 방향에 대해 논술하시오.

환경에 대한 논제는 어디서나 나올 수 있는 논제이다. 또한 어떤 논제든 환경과 관련지어 응용해서 쓸 수 있기 때문에 환경 관련 지식은 반드시 습득해 두는 것이 좋다. 환경과 관련해서는 '왜 탄소 중립이 필요한지', '왜 탄소 제로의 사회로 전환해야 하는지'에 대한 내용이 먼저 정리되어야 한다.

1. 탄소 중립의 배경과 탄소 제로의 사회

현대 사회가 풍요로워짐에 따라 탄소의 증가는 계속되었다. 또한 플라스틱 등의 환경 유해물질도 계속해서 쌓여 가고 있다. 실제로 코로나19로 인해 인간의 활동이 잠깐이라도 멈추자 다시 공기가 맑아졌다는 보고서 등이 발표된 것으로 보아 인간의 활동은 환경을 파괴하는 쪽으로 흘러갔다고 해도 과언이 아니다. 이미 인류의 환경파괴는 심각한 수준에 이르렀기 때문에 이를 바로잡기 위해서라도 국제적 참여가 필요하다. 이를 위해 필요한 것이 바로 '제로의 사회'이다. 제로의 사회란 배출되는 가스가 없고, 이에 따른 유해물질도 없으며 그로 인한 피해도 없도록 기술을 발전시켜 나가는 사회를 말한다. 그중 가장 중요한 것이 바로 탄소 제로의 사회로, 탄소 제로화는 지금까지 꾸준히 기후문제에 대한 해결책으로 주목받아 왔다. 주요 탄소 배출원으로는 발전소, 건축물, 자동차 등이 꼽힌다. 즉, 전 세계 온실가스의 70% 이상이 이 세 가지에 원인을 두고 있는 것이다. 그러므로 탄소 제로의 사회에서는 전력망이 탈탄소화를 이루어야 한다. 또한 에너지 그리드를 활성화하여 거주자의 요구에 맞춰 주어야 하고, 전기자동차나 수소 자동차로의 전환이 필요하다. 결국 우리가 살고 있는 도시 자체를 변화시켜야 탄소 제로의 사회로 갈 수 있다.

탄소 중립에 있어 또 다른 중요한 점은 그린 뉴딜의 최종 목표가 탄소 중립을 이행하는 데 있다는 점이다. 탄소 중립의 목적은 폐기물 배출을 최소화할 수 있도록 자원이 선순환하는 경제시스템을 만드는 것이다. 탄소 중립은 '기후·생태·환경 위기' 대응에 매우 필요한 녹색 전환이며 코로나19에 따른 사회·경제 위기를 극복할 대안으로도 주목받고 있다. EU 그린 딜과 같은 주요국 계획에 포함된 탄소 국경세나 세계 기업들의 RE100 프로그램은 수출 주도의 한국 산업에 미치는 영향이 크다고 볼 수 있다. 더 나아

가 미국의 인플레이션 감축법 등은 다른 개도국의 탄소 정책에도 영향을 줄 수 있다.

탄소 중립의 배경에 대해 기술하였다면, 다음으로 지원하는 공공기관이 탄소 중립에 어떻게 대응하는지에 대한 부분이 필요하다. 실제로 지금까지는 '그린 뉴딜'이라는 정부정책으로 인해 탄소 중립의 전체적인 방향이 있었다면 현재는 각 공공기관에서 에너지 전환과 관련하여 어떻게 투자하고 있는지를 이야기해야 한다. 예를 들어 한국공항공사와 인천국제공항공사에서는 '스마트 그린 도시'를 명시하고 있으므로 쓰레기 배출을 줄이는 유형과 쓰레기 매립장 등 300개 환경기초시설에의 신재생에너지설비 설치를 통해 에너지 전환에 대비하고 있다는 점을 제시해 주어야 한다.

2. 현재까지 한국 탄소 중립의 방향

지금까지 한국의 탄소 중립의 방향은 세 가지의 역점 분야로 되어 있었다. 첫 번째, '생활환경 녹색 전환', 두 번째, '저탄소 및 분산형 에너지 확산', 세 번째, '혁신형 녹색 산업 기반 조성'이 그것이다.

먼저 생활환경 녹색 전환은 시민들이 생활하는 환경을 친환경적으로 전환하는 것을 말한다. 공공시설은 최고 수준의 단열시스템을 통해 에너지 사용량을 최소화하고, 노후건물은 그린 리모델링 사업을 통해 에너지를 줄여나간다는 계획이다. 또한 한국수자원공사에서는 스마트 통합 물관리 시스템을 통해 깨끗한 식수를 공급하고 정화시설을 설비할 계획이다.

저탄소 및 분산형 에너지 확산은 재생에너지를 통해 에너지를 전환하고 그 가운데 에너지의 민주화를 이룰 계획이다. 가장 먼저 석탄 발전 등의 전원을 공급하지 않고 이를 재생에너지와 IGCC(석탄가스화복합발전)로 전환할 계획이다. 또한 재생에너지의 특징은 각 가정이나 건물에 설치하는 분산형 전원이므로 이에 대한 지원을 가속할 계획이다. 수송 분야는 전기자동차와 수소자동차 보급, 인프라 시설 확충을 가속화하고 노후경유차 규제, 선박의 친환경을 정책으로 추진하고 있다.

마지막으로 혁신형 녹색 산업 기반 조성은 양질의 녹색 기업을 육성하는 정책이다. 녹색 기업이란 공정상 오염물질 발생을 최소화하고 재생에너지로 생산하며, 탄소 정화시설을 갖추어 주변 환경까지 쾌적하게 만드는 기업을 말한다. 이런 기업을 육성하고 산단 클러스터를 만들어 녹색 산단까지 조성하고 있는 것이 한국산업단지공단의 역할이라고 볼 수 있다.

이와 같이 에너지 전환을 위해 모든 공공기관은 각각 무언가를 하고 있으므로 어떤 사업을 하고 있는지 구체적으로 이야기하는 것이 좋다. 그래야 그 뒤에 앞으로 어떤 방식으로 환경적 지속가능경영을 이루어 나갈 것인지를 이야기할 수 있다. 여기에서는 논술을 쓰는 데 도움을 주기 위해 전체적인 큰 방향을 제시하도록 하겠다.

3. 탄소 중립으로 가기 위한 정부 및 공공기관의 역할

우리나라는 에너지뿐만 아니라 자원 소비가 상당히 많으나, 대부분 수입에 의존하고 있으며 산업의 자원 생산성을 제고해 나갈 필요가 있다. 앞으로 천연자원에 대한 의존도를 낮추고, 자원의 효율적 활용을 통해 국내 자원 수급 안정성을 제고하기 위해서는 순환경제로의 전환을 위한 제도 개선과 지원이 필요하다. EU 그린 딜에서도 알 수 있듯이, 순환경제는 온실가스 배출 저감에 중요한 역할을 하고 있다. 폐기물이 원천적으로 발생하지 않도록 생산 및 소비 단계에서의 감량을 강조하고, 재사용·재활용 용이성을 고려한 순환제품 설계에 정책의 우선순위를 둘 필요가 있다. 또한 이러한 전환에 핵심적인 역할을 할 수 있는 산업계를 지원하기 위한 다각적 수단이 마련되어야 한다.

우선, '자원 효율적 순환경제로의 전환 가속화'의 전략을 제시해야 한다. 자원의 투입, 사용, 폐기 등 전 과정에서 자원의 효율적인 이용(자원 효율성)과 순환성(지속성)을 촉진하려면 생산 - 소비 - 폐기물 관리 - 재생원료 단계 간 밸류체인을 구축하는 것이 핵심이다.

이와 함께 '자원 순환성을 고려한 제품 설계(재사용·재활용 용이성)', '지속 가능한 친환경 소비', '폐기물의 자원으로의 전환', '재생원료 시장 창출'을 위한 기술개발 및 혁신 딜(순환혁신 방해요소 개선), 녹색 금융 지원, 그린 인프라 확충, 이해관계자 플랫폼 구축 등 다양한 전략적 수단을 포함해야 한다. 무엇보다도, 재사용·재활용 용이성을 고려한 제품 재질 및 구조 개선, 재생원료 사용을 위한 공정 개선 및 구매 등 순환경제에서 생산자 역할은 매우 중요하므로 산업계의 참여를 유도하기 위한 지원방안이 필요하다. 또한 재생원료 사용 확대를 위해서는 생산 단계에서 재생원료의 사용 비율을 늘려 해당 시장을 적극적으로 견인해 나가야 하므로 관련 공정 개선 및 시설 투자 등이 뒷받침되어야 한다. 참고로, EU의 경우 금융 투자 시 '지속 가능성' 기준을 기후변화 완화, 기후변화 적응, 물과 해양 자원의 지속 가능한 사용 및 보호, 순환경제로의 전환과 폐기물 예방 및 재활용, 오염 방지 및 통제, 건강한 생태계 보호 6가지로 제안하고 있으며, 이 중 최소 한 가지 이상을 만족하는 경우에 한해 투자하도록 하는 법률을 마련하고 있어 국내에서도 이를 참고할 필요가 있다.

또한 순환경제 이행 상황을 점검하기 위한 모니터링을 통해 성과를 평가하는 것이 중요하다. EU, 프랑스, 일본, 중국 등 주요국에서는 순환경제로의 진전 상황을 파악하여 취약한 부분을 개선해 나가기 위해 '순환경제 모니터링 지표'를 개발하여 정책 우선순위 도출에 활용하고 있다. 무엇보다도, '재생자원 이용률' 지표를 설정하여 이에 대한 통계를 구축해야 한다. 이는 실제 생산 단계로 재투입된 재생원료의 기여율을 평가하기 위한 것으로, 제품 제조 시 천연자원 사용량을 줄이고 재생원료로 대체해 나가는 척도로 활용될 수 있다. 이와 함께 물질 재활용 및 에너지 회수를 통한 탄소 저감 효과를 분석해야 한다. 이를 위해서는 우선 재활용 통계상의 물질 재활용과 에너지 회수 통계를 분리해야 한다. 현재 국내 재활용량 통계는 물질 재활용과 에너지 회수량(고형연료 SRF, 소각열회수, 시멘트 보조연료 등)이 모두 합쳐진 수치이다. 이에 물질 재활용만의 통계를 구축하여 앞으로 국내 물질 재활용 목표 설정과 함께 이로 인한 온실가스 배출 저감 효과를 정량적으로 도출하고 온실가스 인벤토리도 그에 맞게 개선해야 한다. 앞으로 EU 탄소국경조정제도와 관련한 제품 내 탄소함량 평가에도 대비해야 할 것이다.

앞으로 순환경제의 이행주체인 산업계와 시민의 참여를 독려하기 위해서는 이해관계자 플랫폼을 구축하여 정책 수립 단계부터 공론의 장을 활성화해야 하며, 산업계, 시민단체, 지자체, 중앙정부의 역할을 명확히 제시해야 한다. 또한 순환경제는 여러 부처 정책이 서로 연계되는 분야이므로 순환제품 설계, 친환경 소비 및 소비자 선택권 강화, 폐기물의 자원으로의 전환, 재생원료 시장 활성화를 고려한 다양한 부처 차원의 융합정책 사업을 제안해야 한다.

4. 재생에너지 한계로 인한 수소경제로의 전환

수소경제라고 하면 대부분 수소자동차로 연결짓는 경우가 많다. 그리고 이는 꼭 전기자동차와 경쟁을 붙인다. 하지만 수소의 쓰임이 자동차에만 국한되는 것은 아니다. 한국 정부는 수소를 통한 공장이나 빌딩 등의 에너지 활용방안을 제시하고 있다. 그러므로 수소는 가장 중요한 에너지원으로 작용할 전망이다. 하지만 수소를 통해 경제를 발전시키는 데는 문제점이 하나 있는데, 바로 수소를 추출하는 방식이다. 지구상에 있는 물질들은 수소를 포함하고 있지만 수소만으로 구성된 경우는 극히 드물기 때문에 어떤 물질을 분해하여 수소를 얻는 방식을 취하고 있다. 2018년까지는 대부분의 나라에서 메탄올 고온 고압 스팀 분해 방식으로 수소를 얻었다. 하지만 메탄올을 분해하면 수소와 부생물질로 이산화탄소가 발생해 한국에서는 2019년부터 이 방법으로 수소를 생산하지 않고 있다. 가장 이상적인 방법은 물을 전기 분해하는 것인데, 물을 전기 분해하면 물과 공기만 나오게 된다. 하지만 대량으로 수소를 만들어 내기에는 그만한 전력원이 없고, 재생에너지로 물을 전기 분해하게 되면 전력비용이 더 많이 들게 된다. 그래서 현재는 LNG나 LPG를 개질하여 얻는 부생수소를 사용하고 있다. 하지만 이 방법도 궁극적이지는 않다. 그래서 수소경제는 수소만 발전시키는 것이 아니라 재생에너지와 수소에너지가 같이 가야 하는 것이다. 재생에너지 기술을 발전시켜 가격을 낮추고 이를 통해 수소의 대량생산이 이루어진다면 수소 선진국으로 자리매김할 수 있다.

수소경제의 이행은 급진적으로 이루어지는 것이 아니다. 에너지 전환 정책과 함께 점진적으로 발전시켜야 한다. 정부는 2018년부터 2022년까지 수소경제 준비기를 가졌다. 수소경제 준비기란 수소산업생태계를 조성하고 제반 인프라 구축 및 법과 제도의 기반을 완비하는 단계이다. 2022년부터 2030년까지는 수소경제 확산기로 수소 이용 비약적 확대와 대규모 수요·공급 시스템을 구축하여 수소경제를 확산한다. 2030년부터는 수소경제 선도기로 해외 수소 생산 및 수전해를 본격화하고 탄소프리 수요·공급 시스템을 통해 '그린 수소' 산유국으로 진입하여 완전한 에너지 독립을 이루려고 하고 있다.

인류의 에너지 역사를 살펴보면 인류가 가진 첫 번째 에너지원은 '불'이었다. 이는 자연계에서 얻을 수 있는 가장 큰 에너지이자 가장 위험한 에너지였다. 이 위험한 에너지에서 위험을 억제하여 에너지원으로 쓰게 된 것이다. 이후 산업혁명이 일어나면서 석탄이 에너지원으로 변화하였다. 그리고 그 후 석유가 에너지원의 중심에 있게 되었다. 이는 200년 이상 서유럽을 중심국에 있게 한 가장 중요한 자원이 된다. 여기에 더해 원자력까지 발명되면서 서유럽은 중앙형 통제 시스템 에너지를 가지게 되었다. 이러한 현상은 한 국가, 더 나아가 한 대륙에 수많은 이익을 가져오고 에너지 헤게모니를 장악하면서 경제를 급부상시킨다. 현재 주요 에너지원을 통해 발전한 선진국들은 이러한 경제 체제를 바탕으로 성장한 것이다.

하지만 이제 탄소경제가 끝나가는 시점에 있다. 그렇다고 어느 한순간에 신재생에너지로 전환되는 것은 아니다. 주요 에너지원은 급변하는 것이 아니라 어느 시점을 지나며 교차로 변화되는 양상을 보인다. 석탄이 주요 에너지원이었을 당시 석유는 비싸서 쓸 수 없다가 점차 기술의 발전으로 석유 사용량이 증가하고 석탄 사용량이 감소하는 현상이 일어났다. 결국 탄소경제의 주 원자재는 향후 몇 년간 이어질 수 있다. 하지만 재생에너지의 가격이 내려가면서 재생에너지의 비중이 증가하게 될 것이다. 수소에너지 역시 재생에너지와 함께 발전하게 되는 것이다.

결국 수소경제로의 전환은 탄소경제가 가지고 있던 중앙 집중형 헤게모니가 깨지는 것을 의미한다. 수소 생산 방식은 매우 다양하고, 아직도 많은 기회가 남아 있기 때문에 국가마다 지역마다 다른 생산 방식을 도입할 수 있다. 이는 중앙에 집중된 에너지 권력이 분산될 수 있음을 암시한다. 수소경제 시대에는 기존 방식이 유효할 수는 있지만, 분산형 전원으로 전환될 가능성이 상당히 크다. 이렇게 에너지 권력이 분산되면 에너지 종속 구조를 벗어날 수 있으며, 이는 에너지의 근본적인 변화를 가져올 것이다. 결국 수소경제는 에너지 분권화의 목적을 가지고 있다.

이렇듯 환경과 관련된 논술을 쓸 때 가장 중요한 것은 글로벌 환경에 대한 내용을 파악하고 있어야 한다는 것이다. 따라서 현재 상황과 글로벌 환경을 정확하게 기술해야 하며, 신재생에너지의 한계와 수소의 필요성, 수소에너지의 미래에 대해서도 정리한다면 더 다양한 관점으로 논술을 쓸 수 있을 것이다.

배경지식 강의 바로 가기 ▶

〈논 제〉

환경문제를 해소하기 위한 그간의 노력을 바탕으로 우리 공사가 나아가야 할 방향에 대해 논술하시오.

❶ 개요

서론	환경문제의 현황과 제로의 사회
본론	• 환경문제 해결을 위한 국제적 차원의 노력 　- 탄소 제로를 위한 노력 　- 탄소 중립을 위한 노력 • 환경문제 해결을 위한 국내적 차원의 노력 　- 생활환경 녹색 전환 　- 저탄소 및 분산형 에너지 확산 　- 혁신형 녹색 산업 기반 조성 • 환경문제의 특징에 따라 필요한 별도의 노력 　- 기업 차원에서의 노력 　- 개인 차원에서의 노력
결론	환경문제 해결을 위한 경제주체별 노력의 필요성

❷ 모범답안

현대 사회의 풍요는 환경을 파괴한 대가로 보아도 좋을 만큼 전 지구적 환경파괴는 전방위적으로 그 속도와 정도를 더하고 있다. 실제로 인간의 거의 모든 활동은 유해물질을 배출하는 방식으로 이루어지고, 이 과정에서 공기, 물, 토양 등의 오염이 계속되고 있다. 이에 인류환경이 파괴되어 가는 현실을 바로잡기 위한 국제적 노력이 '제로의 사회'라는 형태로 이루어지고 있다. '제로의 사회'란 배출되는 가스, 그로 인한 유해물질, 그로 인한 피해가 없는 사회를 의미한다. 그리고 당연하게도 이를 가능하게 하는 기술개발을 위해 노력한다.

그중 가장 대표적인 것이 바로 '탄소 제로'이다. 전 세계 온실가스의 70% 이상이 발전소, 건축물, 자동차 등에서 배출하고 있는 탄소로 인한 것임을 전제하고 탈탄소화를 위해 도시 자체를 변화시키는 지향을 제시한다. 그러나 이는 탄소배출 자체를 억제하는 것이기에 즉각적인 적용이 어렵다는 문제가 있다. 이와 달리 '탄소 중립'의 노력도 이루어지고 있다. 이는 다양한 경로를 통해 배출된 탄소를 여러 기술 및 장치를 이용해서 처리하는 방식으로 이를 통해 기후, 생태, 환경 위기에 대응하고자 한다. 구체적으로 탄소 국경세나 RE100 프로그램 등은 모두 탄소 중립을 이루기 위한 방안들이다.

우리나라의 경우도 여러 공공기관에서 다양한 정책을 통해 환경문제에 대응하고 있다. 먼저 '생활환경 녹색 전환'을 통해 시민들이 생활하는 환경을 친환경적으로 바꾸려는 노력이 있다. 공공시설의 단열시스템 강화, 그린 리모델링 사업, 스마트 통합 물관리 시스템 등이 이에 해당한다. 다음으로 '저탄소 및 분산형 에너지 확산'을 통해 재생에너지 사용을 바탕으로 한 에너지 민주화 계획이 있다. 각 가정과 기업체 등에서 사용하는 에너지를 재생에너지로 바꾸고 이에 대한 개별적 지원을 강화하여 종국에는 에너지 독립을 이루고자 하는 것이다. 마지막으로 양질의 녹색 기업을 육성하기 위한 '혁신형 녹색 산업 기반 조성' 정책이 있다. 공정상 오염물질 발생을 최소화하고, 재생에너지로 생산하며, 탄소 정화시설을 갖춘 기업을 의미하는 녹색 기업을 지원하고 녹색 산단으로 확장하고자 하는 것이다.

환경문제는 해결방안을 쉽게 모색하기 어렵고, 막대한 재정이 장기적으로 투입되어야 하며 그 효과를 즉각적으로 확인할 수 없기 때문에 국가적 차원에서 대응이 이루어져야 한다. 또한 그 해결이 국경을 기준으로 완성될 수 없다는 점에서 국제사회의 공조가 반드시 뒷받침되어야 한다. 그러나 이와 같은 거시적인 접근 이외에도 기업과 개인별 대응은 별도로 이루어져야 한다. 환경문제는 삶의 전 영역에 해당하는 것이기에 여러 트랙으로 다양한 방법이 모색되어야 하기 때문이다. 특히 자원의 효율적 활용을 통해 순환경제로의 전환을 가속화하기 위한 노력이 필요하다. 즉 기업은 생산과정에서 자원 순환성을 고려한 제품을 설계하고, 폐기물을 자원으로 전환·사용하며, 재생원료 시장을 창출하기 위한 전략을 고안해야 한다. 또한 개인적 차원에서도 친환경적 소비는 물론 기업의 순환경제 이행 상황을 모니터링하며 감시자로서의 역할을 수행해야 한다.

산업혁명을 통해 이전과는 차원이 다른 편리함과 풍요를 누린 인류의 탄소경제는 이제 끝나가고 있다. 그러나 전 인류의 이해관계가 매우 복잡다단하다는 점에서 다음 에너지로의 전환 시점과 방식이 일사불란하게 이루어지는 것은 가능하지 않다. 따라서 보다 전략적이고, 미래지향적인 태도로 해결책을 모색하고 경제주체별로 의미 있는 실천을 해야 할 것이다.

합격 꿀 Tip

환경문제는 지원하고자 하는 기업의 사업범위에 따라 논술문의 범주를 좁히는 것이 중요합니다. 즉 공기, 토양, 물과 같은 물리적 기준으로 범주를 좁혀도 좋고, 단기적 대응, 장기적 대응과 같이 기간으로 범주를 좁혀도 좋습니다. 국제적 대응, 국내적 대응으로 나누어 접근해도 좋지요. 범주를 한정하고 해당 범주를 '가장 중요한 문제'로 설정하여 힘을 싣는 방식의 접근을 권합니다.

📝 실력 플러스 노트

회사 관련 논술 문제를 푸는 핵심 포인트를 확인해 보세요.

1. IBK기업은행, KDB산업은행, 인천국제공항공사, 서울산업진흥원, 농협은행, 농협중앙회 등 대부분의 공공기관에서 '우리 공사의 역할'에 대해 논술하라는 문제를 출제하므로 반드시 지원하는 공공기관이 하는 사업을 정확하게 분석해 두어야 한다.

2. 회사 관련 논술은 사회 이슈와 연관되어 있을 가능성이 크기 때문에 사회 이슈에서 공공기관의 역할을 이해해야 한다. 대부분의 공공기관은 산업의 교두보 역할이나 마중물 역할을 한다.

3. 특히 산업과 관련된 IBK기업은행, KDB산업은행, 서울산업진흥원 등은 대규모 자본을 투자하여 산업을 육성할 수 있기 때문에 '스마트 시티', '모빌리티 산업의 발전', '스마트 산업단지 육성'과 관련된 논제가 나올 수 있다. 스마트 시티는 인천국제공항공사와 관련하여 공항복합도시 개발에 대한 내용이 제시될 수 있다.

4. 기후변화 대응은 모든 공공기관의 과제이므로 이에 대해 공공기관이 나아가야 할 방향이 논제로 나올 수 있어, 지원하는 공공기관이 기후변화 대응 체제와 관련해 어떤 사업을 할 수 있는지 알아야 한다.

5. 식량안보에 관련된 논제는 한국농수산식품유통공사, 농협중앙회에서 나올 수 있다. 여기에서 파생되어 곡물 가격 상승 대응에 대한 논제가 나올 수 있다.

6. 문화와 관련된 공공기관이나 한국국제협력단, 대한무역투자진흥공사(KOTRA) 등에서는 이민과 이주가 보편화된 사회에 이러한 세계화를 어떻게 보아야 할 것인지에 대한 논제가 나올 수 있다. 이 논제는 다양한 문화를 하나로 융합하여 각 나라의 정체성을 드러낼 필요가 있다는 관점과 다양한 문화가 그대로 공존해야 한다는 관점으로 나눠 생각해 볼 수 있다.

특별부록

쓰면서 배우는
원고지 작성법

특별부록에는 원고지 작성법 및 연습용 원고지를 수록하여 원고지 양식의 답안지 작성에도 대비할 수 있도록 하였습니다. 답안지가 제공되지 않는 교재 수록 논제나 별도로 연습하고자 하는 논제는 연습용 원고지를 활용하여 답안을 작성해 보세요.

원고지 작성법에 수록된 교정 부호 사용법은 어느 양식의 답안지에든 적용할 수 있어 알아두면 실제 답안지 작성 시 도움이 됩니다.

1. 원고지의 첫 칸은 글의 처음(문단의 처음), 대화문을 제외하고 비우지 않는다. 한 단락 내에서는 아래의 '인식과'와 같이 다음에 띄어쓰기를 해야 하더라도 다음 줄의 첫 칸은 비우지 않는다.

	플	랫	폼		노	동	시	장	의		성	장	은		노	동	에		대	한		인	식	과
산	업	구	조	의		변	화	에		기	인	한	다	.										

2. 한글, 알파벳, 아라비아 숫자 표기법

1) 한글

한글은 원고지 한 칸에 한 자를 쓴다.

2) 알파벳

알파벳 대문자는 원고지 한 칸에 한 자, 알파벳 소문자는 원고지 한 칸에 두 자를 쓴다.

3) 아라비아 숫자

아라비아 숫자(1, 2, 3…)는 원고지 한 칸에 두 자를 쓴다. 소수점을 표기할 때는 마침표(.)와 숫자를 한 칸에 쓴다.

	대	한	민	국		가	구	의		소	득		대	비		가	계	부	채		비	율	은	
20	08	년		13	8.	5	%	에	서		20	21	년		20	6.	5	%	로		10	여		년
간		꾸	준	히		높	아	졌	고	,	O	E	C	D		주	요		국	가		중		소
득		대	비		가	계	부	채		비	율	도		높	은		편	이	다	.				

3. 문장 부호 표기법

1) 기본 원칙

문장 부호는 원고지 한 칸에 하나를 쓴다.

2) 따옴표(" "), 마침표(.), 쉼표(,)

① 한 칸에 하나를 쓰되, 칸의 한쪽에 치우치게 쓴다.

② 따옴표와 마침표는 각각 다른 칸에 쓰는 것이 원칙이나 한 칸에 함께 쓸 수 있다.

③ 원고지 마지막 칸에서 문장이 끝날 때는 마침표나 쉼표를 다음 줄로 내리지 않고 마지막 칸에 글자와 함께 쓸 수 있다.

④ 마침표, 쉼표 다음에는 한 칸을 비우지 않고 바로 다음 글자를 이어 써도 된다.

3) 괄호(( ), { }, [ ])

① 한 칸에 하나를 쓴다.

② '(가), (나)'처럼 쓰일 때는 괄호와 괄호 안의 글자(가, 나)가 한 줄에 있어야 한다.

	식	량	(	F	oo	d	)	은		무	기	(	F	ir	e	)	,	연	료	(	F	ue	l	)
와		함	께		국	가	안	보	에		필	수	적	인		'	3	F	'	로		불	릴	
만	큼		국	가	운	영	과		국	민	생	명		보	호	에		주	요		요	인	이	다.

4) 느낌표(!), 물음표(?)

① 한 칸에 하나를 쓰되, 칸의 가운데에 맞춰 쓴다.

② 느낌표와 물음표 다음 칸은 비우고 다음 글자를 쓴다.

③ 원고지 마지막 칸에서 문장이 끝날 때는 느낌표나 물음표를 다음 줄로 내리지 않고 마지막 칸에 글자와 함께 쓸 수 있다.

	노	동	의		양	극	화	는		왜		문	제	가		되	는	가	?		결	론	부	터
말	하	면		노	동	이		양	극	화	되	면		고	용	시	장	의		질	이		달	라
지	기		때	문	이	다	.																	

4. 대화문, 인용문 표기법

① 대화문과 인용문은 두 번째 칸부터 따옴표를 쓰고, 대화문과 인용문이 끝날 때까지 각 줄의 첫 번째 칸을 비운다.

② 대화문과 인용문에 이어지는 말(라고, 고 등)은 대화문, 인용문과 같은 줄에 쓰지 않고 다음 줄에 쓰며 이때는 첫 번째 칸을 비우지 않는다.

	"	순	수	한		문	화	는		없	으	며		문	화	는		끊	임	없	이		뒤	섞
	여		나	타	난	다	."																	
라	고		주	창	한	다	.																	

원고지 교정 부호 사용법

1. 들여쓰기 및 내어쓰기를 할 때

1) 원고지에 쓴 글자를 오른쪽으로 들여 쓸 때

신	자	유	주	의		시	대	를		넘	어		혼	합	경	제		시	대	로		이	동
중	인		현	대		사	회	는		특	히		경	제	적		측	면	에	서		정	부	의
역	할	이		더	욱		중	요	해	지	고		있	다	.								

⬇

	신	자	유	주	의		시	대	를		넘	어		혼	합	경	제		시	대	로		이	동
중	인		현	대		사	회	는		특	히		경	제	적		측	면	에	서		정	부	의	
역	할	이		더	욱		중	요	해	지	고		있	다	.									

2) 원고지에 쓴 글자를 왼쪽으로 내어 쓸 때

	N	F	T	는		그	동	안		실	물	에	만		존	재	했	던		'	원	본	'
개	념	을		디	지	털		세	상	으	로		확	대	했	다	는		점	에	서		의	의
가		있	다	.																			

⬇

	N	F	T	는		그	동	안		실	물	에	만		존	재	했	던		'	원	본	'
개	념	을		디	지	털		세	상	으	로		확	대	했	다	는		점	에	서		의	의
가		있	다	.																				

2. 내용을 수정/삭제/추가할 때

1) 기존의 내용을 다른 내용으로 수정할 때

	전		세	계		육	류		소	비	는		지	속	적	으	로		감(증가)소	하	는		추
세	이	다	.																				

↓

	전		세	계		육	류		소	비	는		지	속	적	으	로		증	가	하	는		추
세	이	다	.																					

2) 기존에 작성한 내용의 순서를 바꿀 때

	세	계		전		육	류		소	비	는		지	속	적	으	로		증	가	하	는		추
세	이	다	.																						

↓

	전		세	계		육	류		소	비	는		지	속	적	으	로		증	가	하	는		추
세	이	다	.																						

3) 내용을 삭제할 때

	농	축	산	업	은		생	산	에	서		유	통	에		이	르	는		전	반	을		모
두		통	제	할		수		있	는		유	일	한		6	차		산	업	은(삭제)	것	이	다	.

↓

	농	축	산	업	은		생	산	에	서		유	통	에		이	르	는		전	반	을		모
두		통	제	할		수		있	는		유	일	한		6	차		산	업	이	다	.		

4) 내용을 추가할 때

	농	축	산	업	은		생	산	에	서		유	통	에		이	르	는	이	전	반	을		모
두		통	제	할		수		있	는		유	일	한		6	차		산	업	다	.			

↓

	농	축	산	업	은		생	산	에	서		유	통	에		이	르	는		전	반	을		모
두		통	제	할		수		있	는		유	일	한		6	차		산	업	이	다	.		

3. 띄어쓰기를 하거나 붙여 쓰기를 할 때

1) 띄어쓰기를 할 때

	한	국		사	회	의		양	극	화		문	제	는		20	00	년	대		중	반	부	터
주	요		이	슈	가	되	었	다	.															

↓

	한	국		사	회	의		양	극	화		문	제	는		20	00	년	대		중	반	부	터
주	요		이	슈	가		되	었	다	.														

2) 붙여 쓰기를 할 때

	한	국		사	회	의		양	극	화		문	제	는		20	00	년	대		중	반	부	터
주	요		이	슈		가		되	었	다	.													

↓

	한	국		사	회	의		양	극	화		문	제	는		20	00	년	대		중	반	부	터
주	요		이	슈	가		되	었	다	.														

4. 문단(단락)을 나누거나 이을 때

1) 문단(단락)을 나눌 때

모	빌	리	티		산	업	으	로		통	합	되	는		결	과	가		발	생	했	다	.	이
와		같	은		변	화	는		두		가	지		측	면	에	서		우	리		삶	의	

↓

모	빌	리	티		산	업	으	로		통	합	되	는		결	과	가		발	생	했	다	.	
	이	와		같	은		변	화	는		두		가	지		측	면	에	서		우	리		삶

2) 문단(단락)을 이을 때

	우	리		사	회	에	서		노	동	시	장	의		한		축	을						
담	당	하	고		있	는		공	공	기	관		역	시		새	로	운		경	제	구	조	

↓

	우	리		사	회	에	서		노	동	시	장	의		한		축	을		담	당	하	고	
있	는		공	공	기	관		역	시		새	로	운		경	제	구	조						

논제:

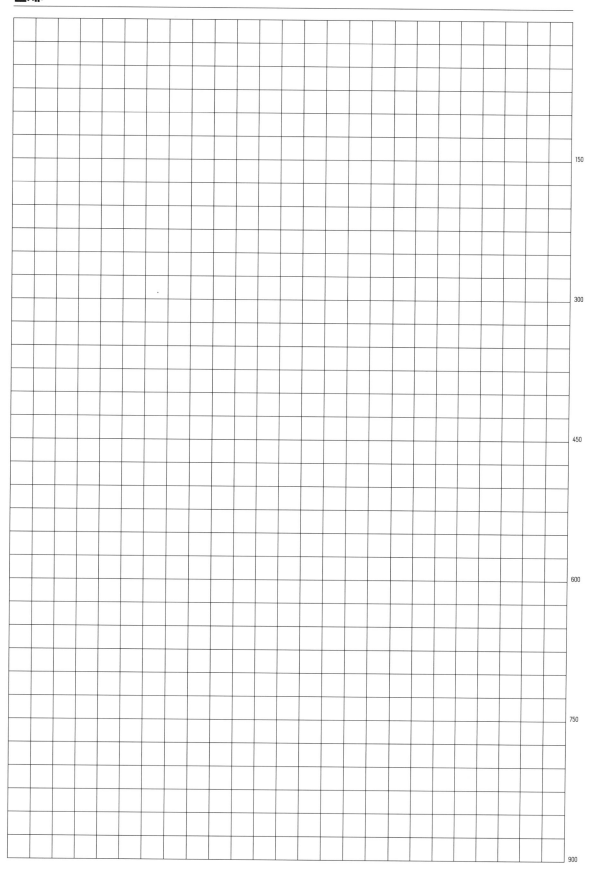

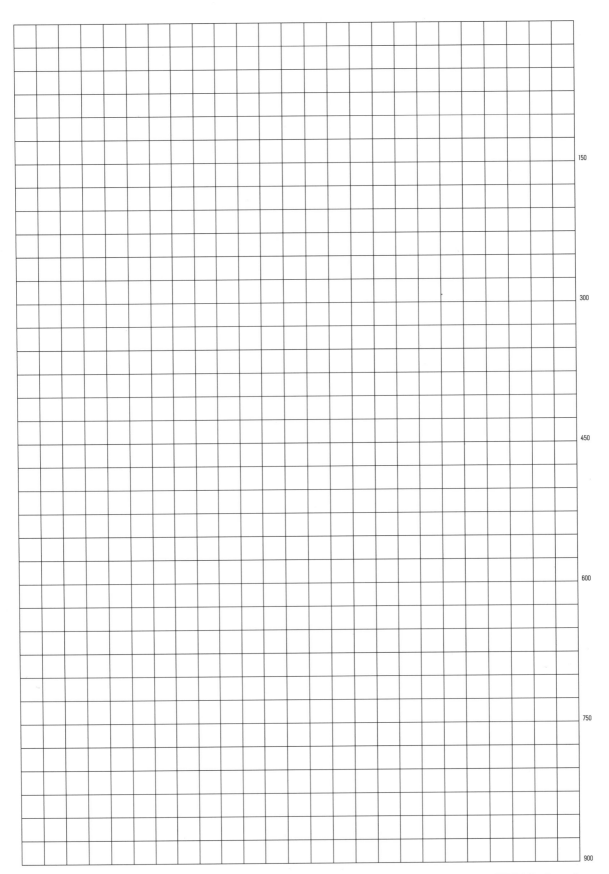

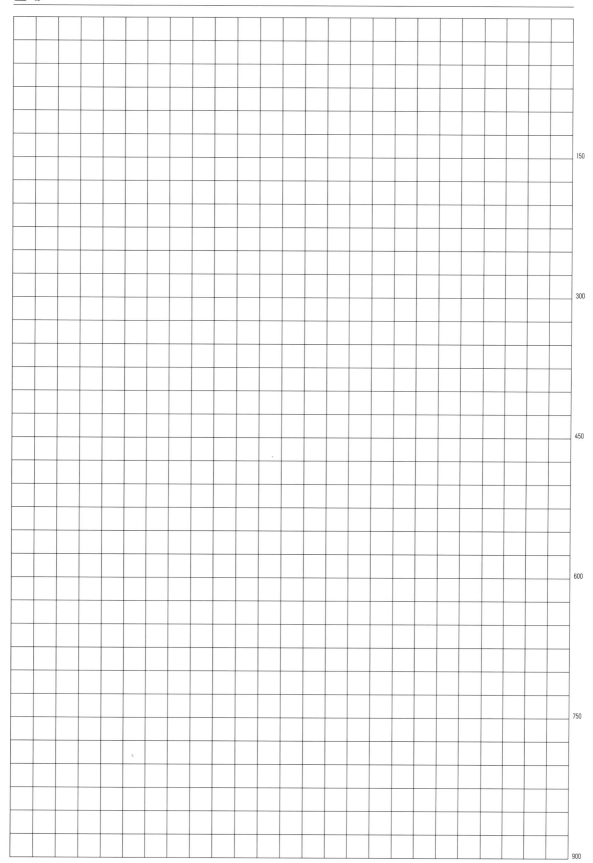

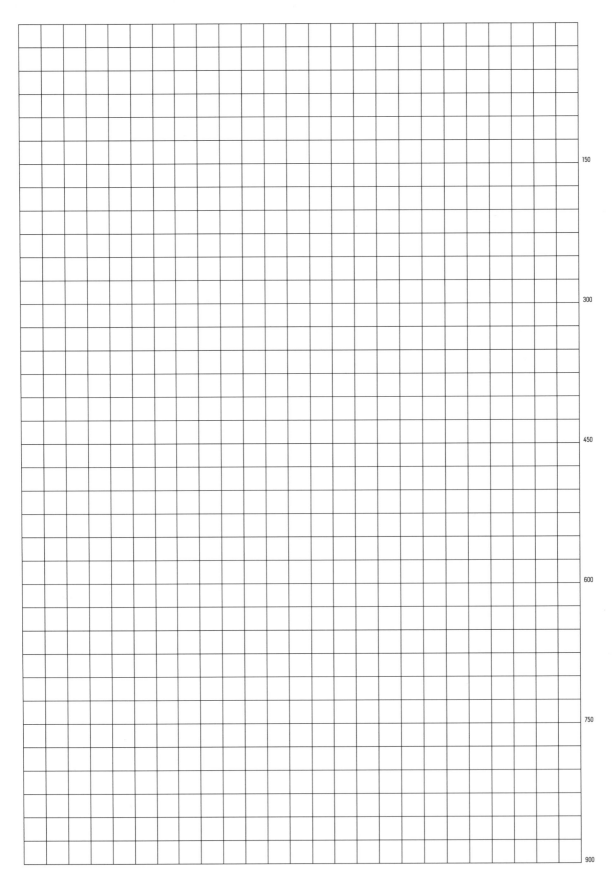

150

300

450

600

750

900

해커스잡

논제:

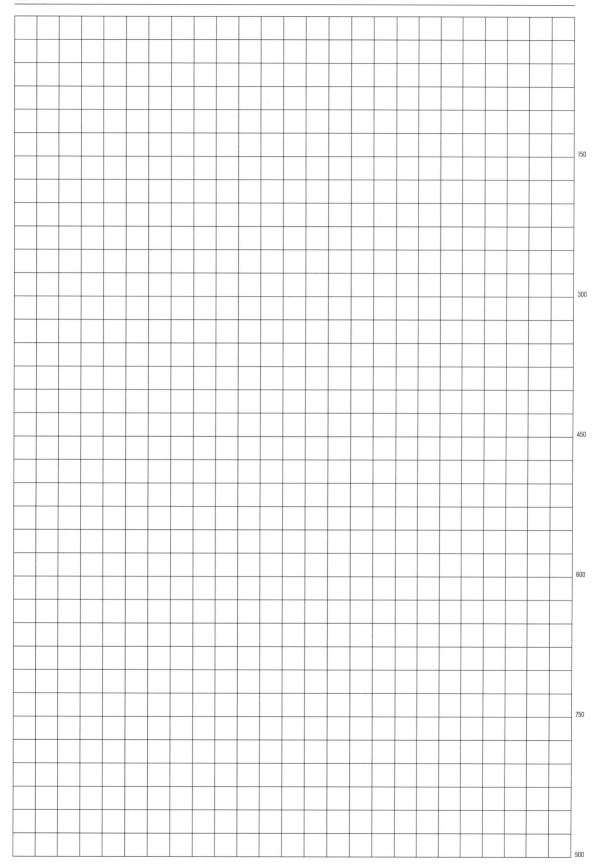

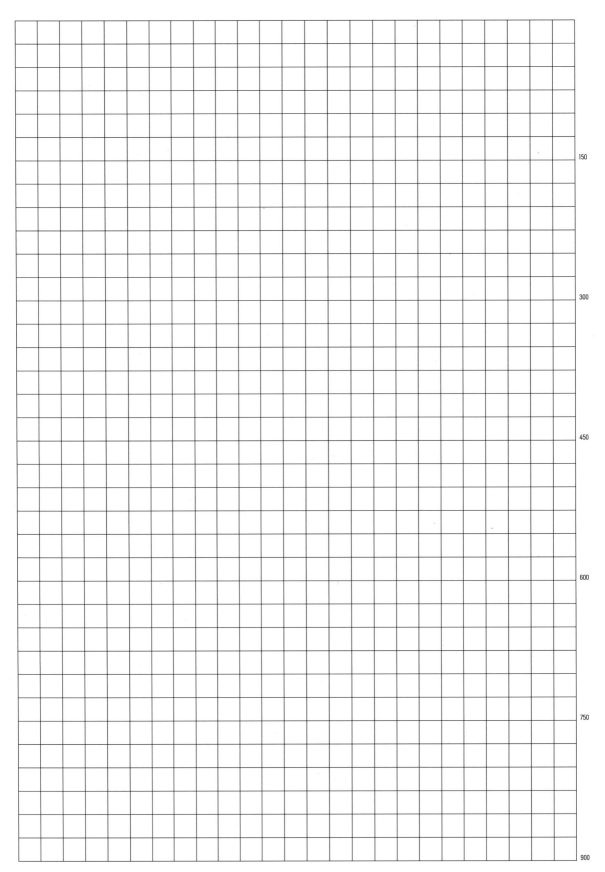

150

300

450

600

750

900

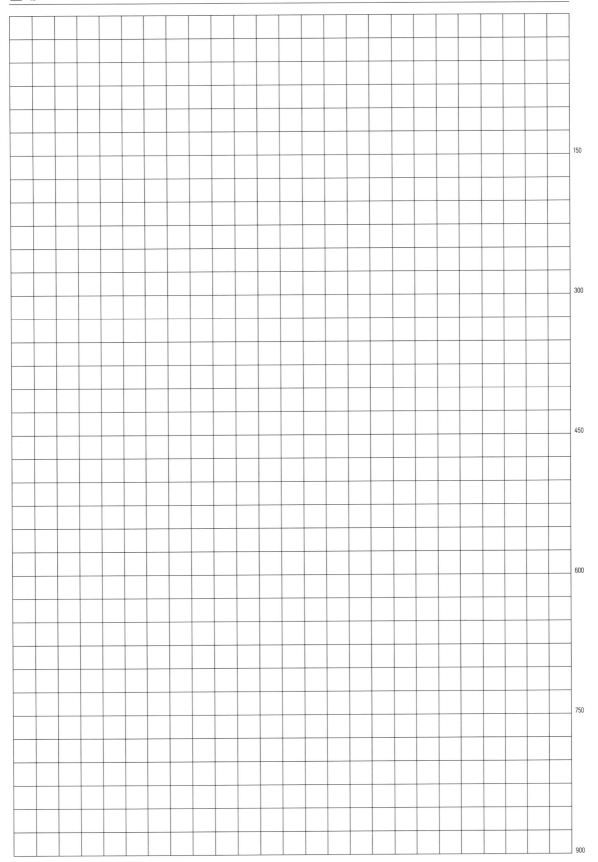

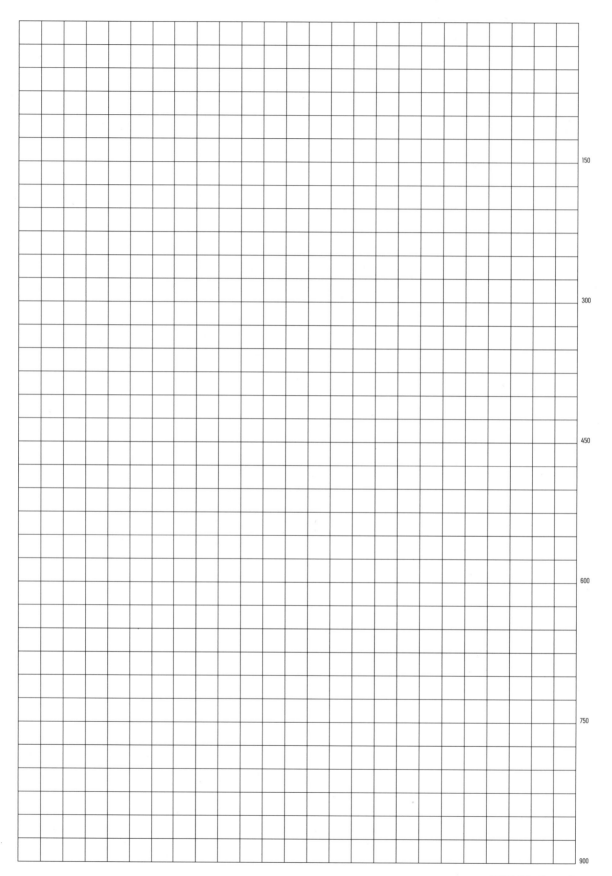

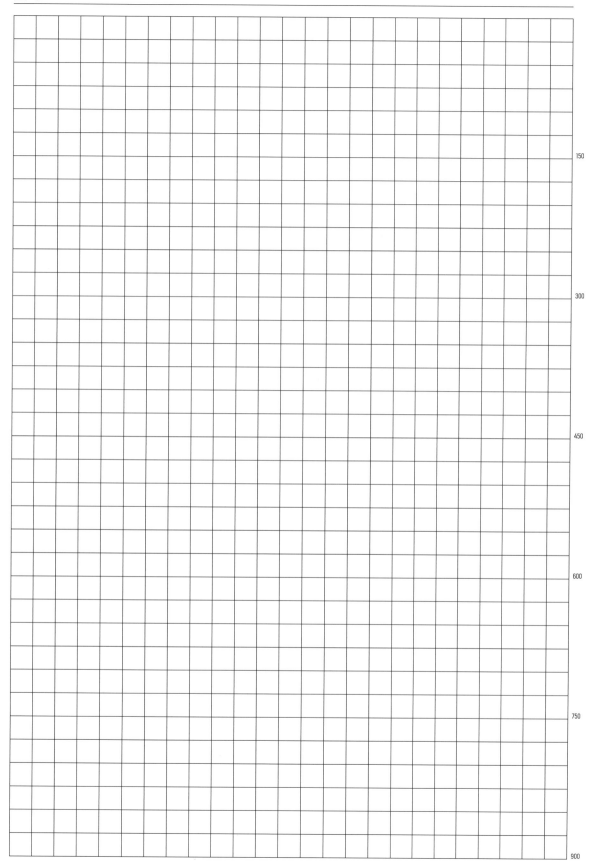

150

300

450

600

750

900

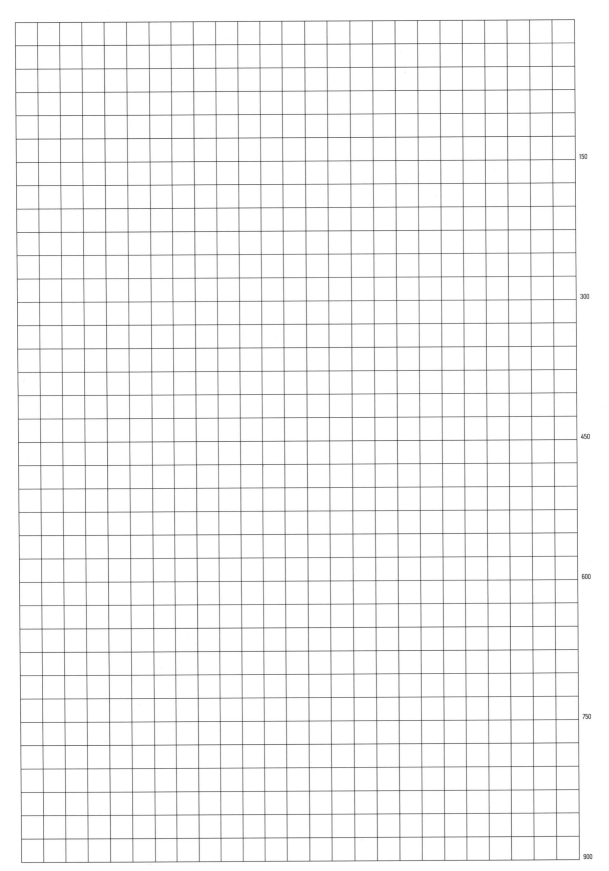

논제:

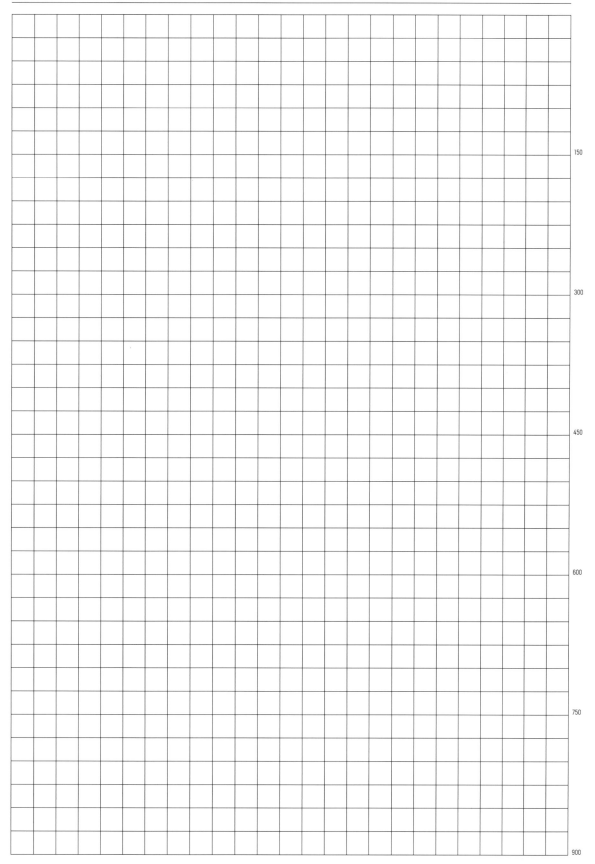

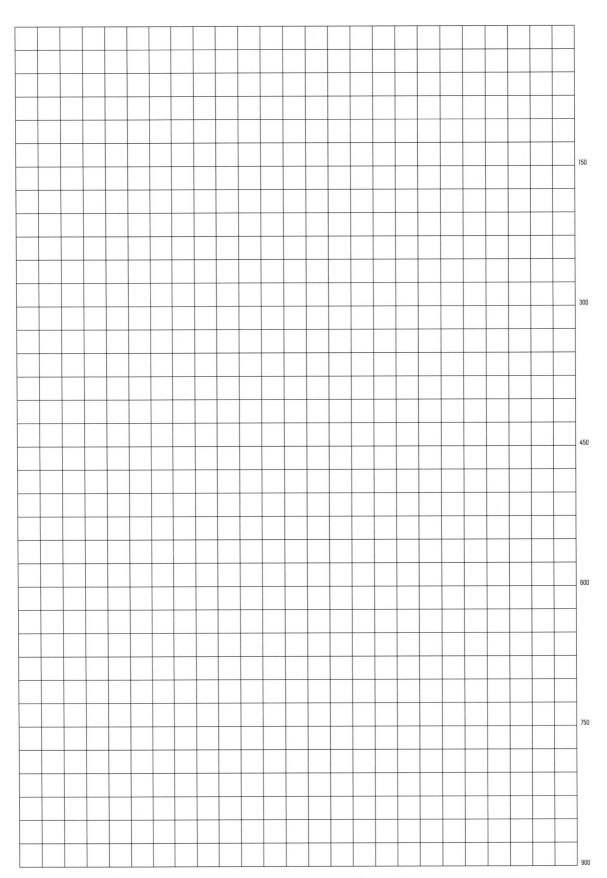

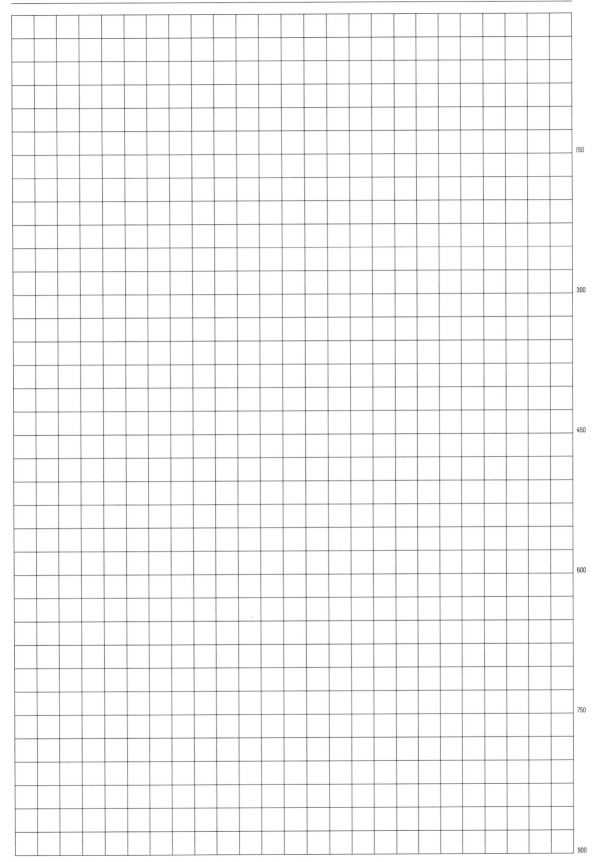

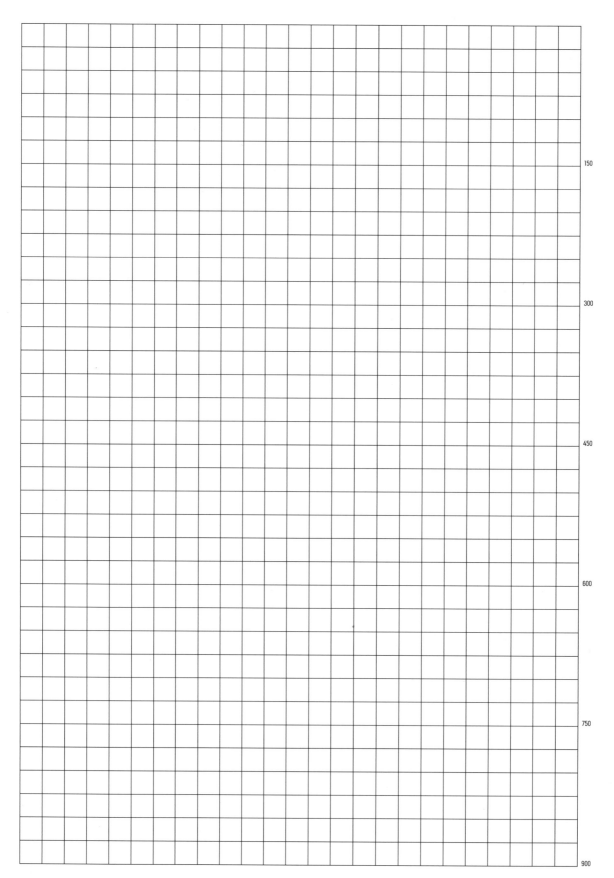

논제:

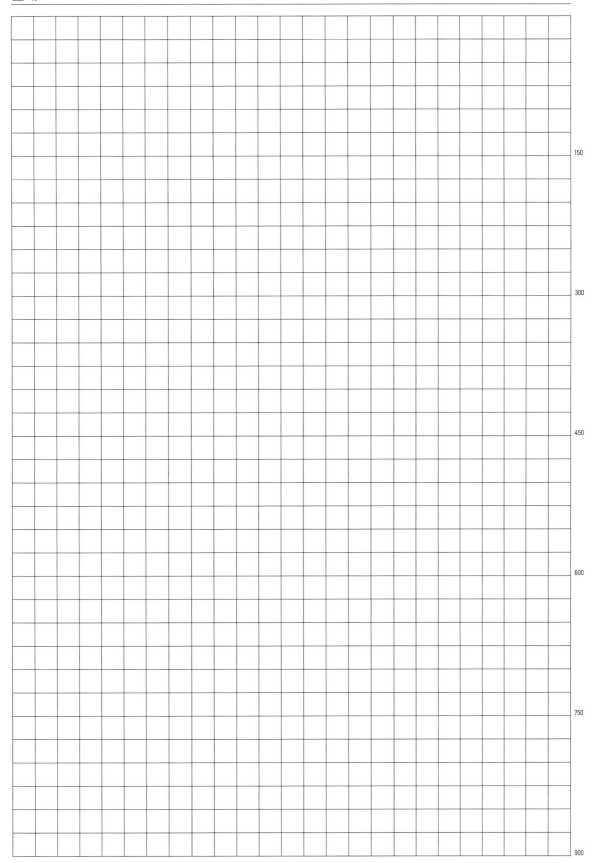

150

300

450

600

750

900

해커스잡

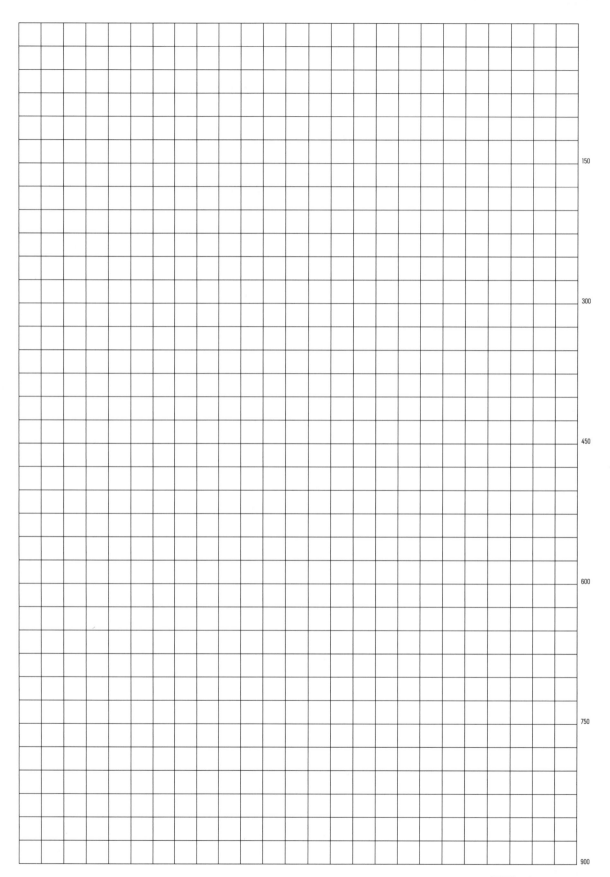

150

300

450

600

750

900

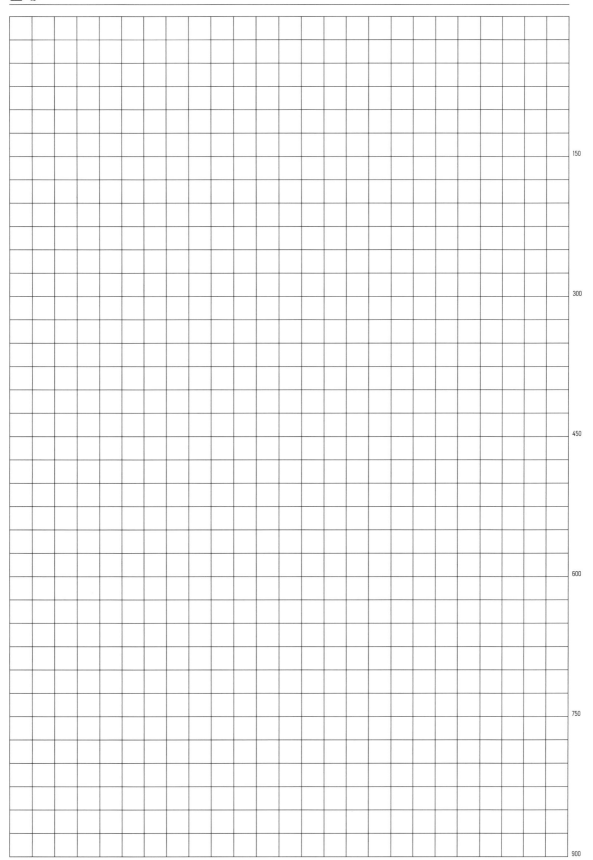

150

300

450

600

750

900

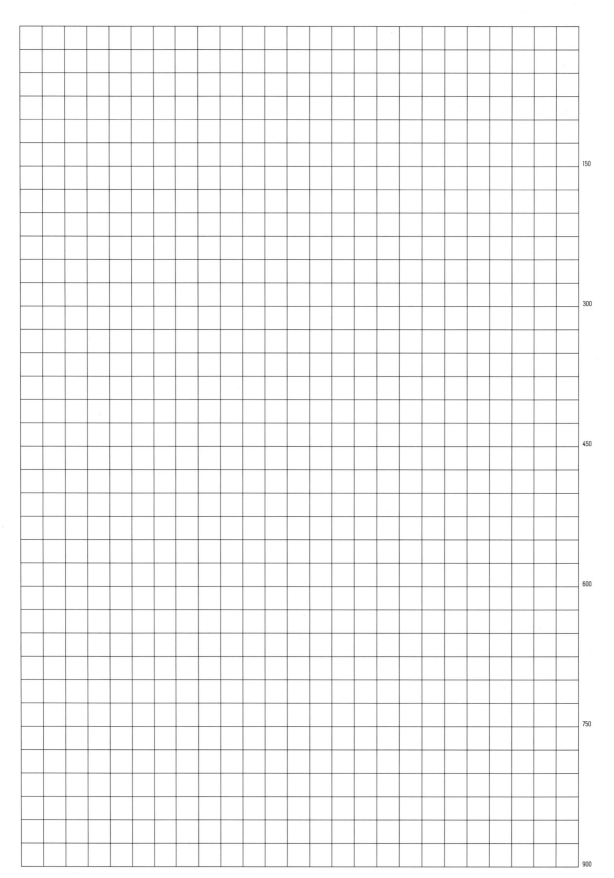

150

300

450

600

750

900

해커스잡

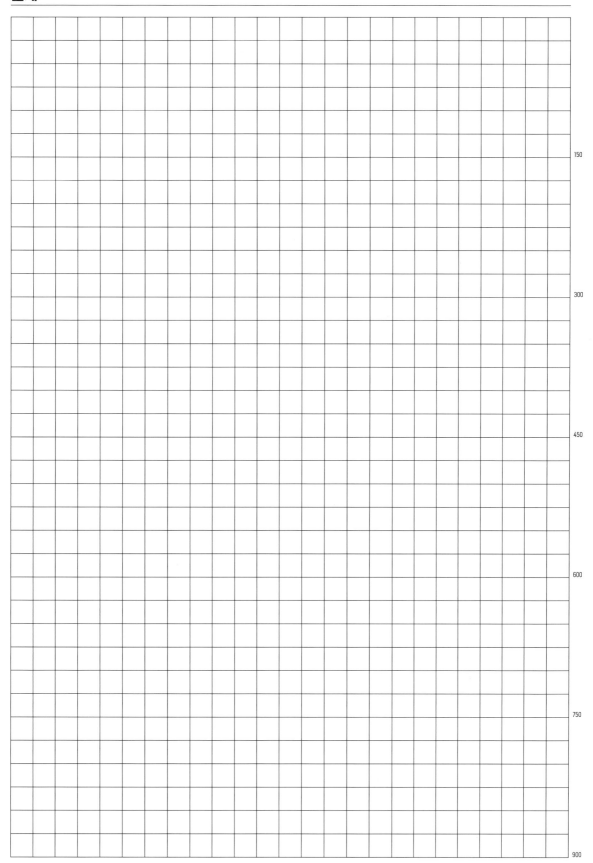

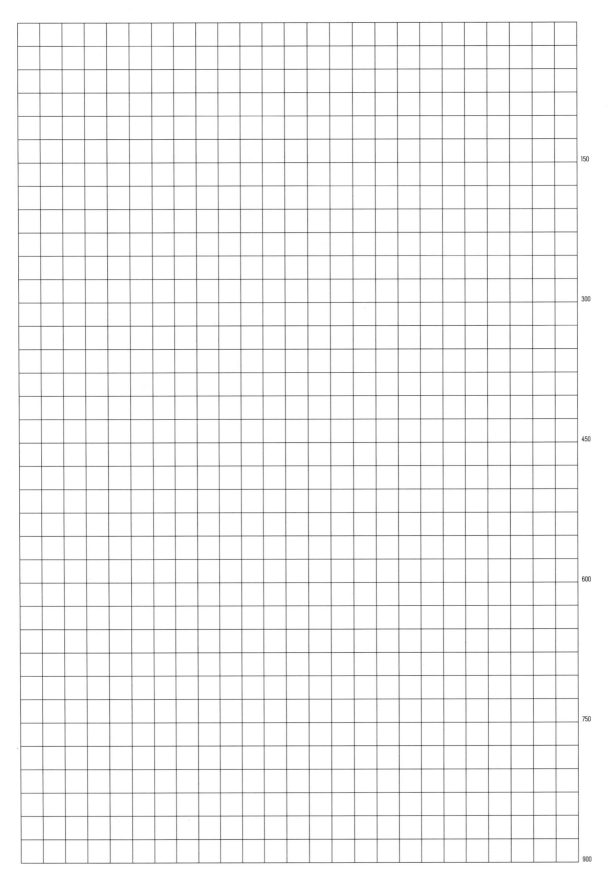

150

300

450

600

750

900

해커스잡

해커스
공기업 논술

개정 3판 2쇄 발행 2024년 5월 6일

개정 3판 1쇄 발행 2023년 3월 2일

지은이	윤종혁, 최수지, 해커스 취업교육연구소 공저
펴낸곳	㈜챔프스터디
펴낸이	챔프스터디 출판팀

주소	서울특별시 서초구 강남대로61길 23 ㈜챔프스터디
고객센터	02-537-5000
교재 관련 문의	publishing@hackers.com
	해커스잡 사이트(ejob.Hackers.com) 교재 Q&A 게시판
학원 강의 및 동영상강의	ejob.Hackers.com

ISBN	978-89-6965-358-1 (13320)
Serial Number	03-02-01

취업강의 1위,
해커스잡(ejob.Hackers.com)

ⓣⓗ 해커스잡

· 월간 윤종혁의 **예상논제 배경지식 무료 특강**

· 공기업 논술 전문가의 **본 교재 인강**(교재 내 할인쿠폰 수록)

· 영역별 전문 스타강사의 **대기업 취업·공기업 인강**(교재 내 할인쿠폰 수록)

· 공기업 취업 전문가의 **공기업 취업준비 전략 무료 인강**

[취업강의 1위] 헤럴드 선정 2018 대학생 선호 브랜드 대상 '취업강의' 부문 1위

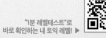

"1분 레벨테스트"로
바로 확인하는 내 토익 레벨! ▶

▎토익 교재 시리즈

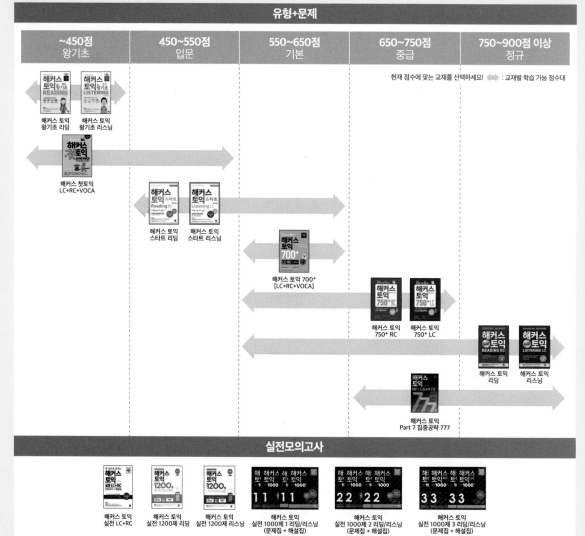

~450점 왕기초	450~550점 입문	550~650점 기본	650~750점 중급	750~900점 이상 정규

현재 점수에 맞는 교재를 선택하세요!   : 교재별 학습 가능 점수대

유형+문제

해커스 토익 왕기초 리딩 / 해커스 토익 왕기초 리스닝

해커스 첫토익 LC+RC+VOCA

해커스 토익 스타트 리딩 / 해커스 토익 스타트 리스닝

해커스 토익 700+ [LC+RC+VOCA]

해커스 토익 750+ RC / 해커스 토익 750+ LC

해커스 토익 리딩 / 해커스 토익 리스닝

해커스 토익 Part 7 집중공략 777

실전모의고사

해커스 토익 실전 LC+RC

해커스 토익 실전 1200제 리딩

해커스 토익 실전 1200제 리스닝

해커스 토익 실전 1000제 1 리딩/리스닝 (문제집 + 해설집)

해커스 토익 실전 1000제 2 리딩/리스닝 (문제집 + 해설집)

해커스 토익 실전 1000제 3 리딩/리스닝 (문제집 + 해설집)

보카

해커스 토익 기출 보카

문법·독해

그래머 게이트웨이 베이직

그래머 게이트웨이 베이직 Light Version

그래머 게이트웨이 인터미디엇

해커스 그래머 스타트

해커스 구문독해 100

▎토익스피킹 교재 시리즈

해커스 토익스피킹 스타트

만능 템플릿과 위기탈출 표현으로 해커스 토익스피킹 5일 완성

해커스 토익스피킹

해커스 토익스피킹 실전모의고사 15회

▎오픽 교재 시리즈

해커스 오픽 스타트 [Intermediate 공략]

해커스 오픽 [Advanced 공략]

* [해커스 어학연구소] 교보문고 종합 베스트셀러 토익/토플 분야 1위
(2005~2022 연간 베스트셀러 기준, 해커스 토익 보카 10회/해커스 토익 리딩 8회)